谷口智彦

金《ゴールド》が通貨になる

GS
幻冬舎新書
250

金《ゴールド》が通貨になる／目次

序章 第三の通貨政策X

いまや中国マネーに頼るアメリカ

二〇世紀を決定づけたのは、第一次世界大戦とロシア革命が連続した一九一〇年代でした。いまわれわれが生きている百年後のこの年代、二〇一〇年代も、今世紀の行く末にとって抜き差しならない意味をもつ時代となりそうです。

アメリカが、経済と財政の苦境からどうもがきつつ脱出するか、あるいはできないか。シナリオの見えないドラマは、世界に巨大な影響を及ぼし続けるでしょう。

これを案じつつ太平洋の彼方に望み見る日本は、隣接地域で進むもう一方の変化によって、針路を左右されざるを得ません。

あたかも、二〇二一年は、中国共産党創建百周年に当たります。大きな節目に向かって軍事大国化の道をひた走る中国は、金融面での影響力を同時に増そうと努めています。

次第に不安定化する社会と人口高齢化のチャレンジを受けながら、果実の刈り取りに向け焦りを増す中国の動態は、日本のみならず、世界にこれまで以上のインパクトを及ぼすでしょう。

かくして二一世紀の帰趨を決定づける二〇一〇年代のドラマとは、二大強国の国力角逐として描かれます。そしてそのことは、通貨の力関係に必ずや集約的表現を見出すに違いありません。

通貨の動きとは、日次や月次、あるいは年次で見る場合ですら、マーケットの力で決まると思っていていいものなのだとしても、それより長い尺度で眺めるなら、必ずと言ってよいほど、経済現象であるのと同等もしくはそれ以上に、政治現象となるからです。

アメリカはかつて二度、世界に対する影響力を、通貨体制を変革することによって強化し、あるいは保全しました。

一度目は第二次世界大戦の終局に際してです。英ポンドを失墜させ、ドルが唯一の世界通貨として力を得た時でした。二度目は一九七一年、時のニクソン大統領が金とドルの交換を停止し、それがきっかけとなって為替を変動相場制に導いた時でした。

以来アメリカは、消費需要の拡大を外から取り入れたキャッシュで賄うことを可能にします。それは、アメリカにモノを売る新興国の成長を起爆させせました。軍拡という巨大な需要の資金繰りが楽々ついたため、共産主義ソ連を倒すことにも成功し、一時アメリカはわが世の春を謳歌できたのでしたが、これを資金面で支えたのが日本であり、英国だった現実は、その後大きく変わります。

登場したのが、中国でした。いまやアメリカの資金繰りはその多くを中国マネーに負う状態となり、世界経済システムを一挙に不安定化させせました。

アメリカが、このまま相対的衰亡の道へ踏み込んでしまうのを潔しとしない国なら、アメリカ産業の再生だけでなく、ドルが世界の中心通貨であったがゆえに享受できたさまざまな特権的地位をも失うまいと試みなくてはなりません。

アメリカで盛り上がる金本位制復活論

第一、第二に続く、第三の通貨政策Xとは、いったい何であり得るか。この問いから、本書は始まります。

ドルを金（ゴールド）と結びつけること。あるいはさらに進んで、ドルそれ自体を自ら否定し、金を世界通貨の玉座に再び押し上げること。

金本位制の復活をもって、第三の切り札にさせようとする気運が、アメリカで、かつアメリカでのみ、いま盛り上がりを示し始めています。

小著は、ここ数年着実に深化を見せながら、我が国にいっこう伝わってこないこの動きを初めて紹介し、背後の意味を読み解こうとする試みです。

時代が大きく屈曲するとき、アメリカ人は金を思い出したのでした。それなのに日本のわれわれは、そんな精神史的事件がアメリカでいま起きつつあることに、まだ気づいてさえいません。本書はそのギャップを埋めようとするものです。

ここまで読まれた読者が当然抱かれたであろう疑問に、最初にお答えしておきます。

もしも明日、金本位制が突然実現してしまったとします。この、第三の通貨政策Xは、アメリカに実のところどの程度の実利をもたらすのでしょうか。

あるいはまったく逆に、金本位制の復活などという話があるはずはないというなら、その具体的根拠とはどんなものであり得るでしょうか。

後者の問いに答える方がいくぶん簡単です。

現行のドル体制を変え、金本位制にするというなら、アメリカ一国ではできません。少なくとも日本と欧州を巻き込まない限り、国際的なシステムにできません。中国は、とかくあしらいに困る難物なので、そう簡単には入れられません。手順としては日欧が先です。

しかしその日欧ですら、アメリカがやれと言ったらハイやりますというわけにいきません。事は結局のところ、アメリカにおける政治指導力の有る無し、その多寡に帰着します。世界の仕組みを変える大仕事を推進していくだけの政治力、指導力、馬力が、いまのアメリカには欠けているというのが、金本位制実現を現実には難しいと考える最大の理由です。

けれども恐らく、金本位制など平時の順次的移行といった穏やかなプロセスで実現する類のものではありません。世界史的危機においてこそ、またそのときにのみ、切れる究極の切り札でしょう。

だとすると、危機のアメリカならやるかもしれない、世界を引っ張る馬鹿力を出すかもしれないという可能性を、あらかじめ排除しておかなくてはならない理由もないわけです。

それが、先の問いの前段に関わってきます。

この本がこれから述べていきますように、アメリカにおける金本位制復活論議（「金復位論」）は、経済学的体系による説明より、信念の体系によって説明されるべき現象なのですが、いざ危機というときアメリカが金本位制を再開させようとする場合、まさか自国を不利にする設計にはしないでしょう。

アメリカが他国に対してもつ優位性とは、第一にその金保有高が絶対的に大きいことです。第二に、ドルという偉大な国際公共財を既に持っているということです。それから第三に、ドルが戦後一貫して中心通貨だったせいで、ドルの使い勝手は他通貨の場合より格段に良いということです。

だったらこの三つを、うまく活かせるシステムにしようとするのではないでしょうか。いま言えるのは、せいぜいのところそこまでです。

ゼリック総裁が火をつけた

金をめぐる利害関係者、というと、金鉱業者、金鉱株投資家から、金に関わるいろいろな業者を束ねる立場の「ワールド・ゴールド・カウンシル（ロンドン）」という団体やもちろん金の売買業者などを含むのですが、そうした人たちの間でこそ、金が通貨として復活するのを期待する訴えは続いていました。

軽い揶揄《やゆ》の気持ちを含ませて、それら金関係者をゴールド・バグ、「金の虫」と呼ぶことがあります。けれども、ゴールド・バグたち確信的金擁護派の声は、インターネットの一隅で情熱をほとばしらせてはいましたが、これまで主流メディアに乗ることはなく、ましてや識見に富む学界の権威が同調するなど、およそ考えられないことでした。

変化のきっかけとなったのは、二〇一〇年一一月のことです。

そのとき、ロバート・ゼリック世界銀行総裁ともあろう人物が、それも第一級の経済紙（フィナンシャル・タイムズ）の紙面を借りて、こう言ったのです。

「通貨の価値に対する市場の期待を見る参考指標として、金価格を用いることを考えるべきだ」

ゴールドが、いきなりドルと肩を並べる立場、ドルの強弱にメモリを当てる物差しのような地位にぬっと現れてきたかっこうです。

シロウトさんが言うならまだしも、この世界を長く見てきた人物からの提言だったということもあり、大きな反響を巻き起こしました。

そしてそのあとアメリカで、金を通貨にしろ、ドルと金を交換可能にせよという声が次々と上がり、ややあって、ついにアメリカの一流メディアもこのテーマを取り上げることをためらわなくなります。中には、積極的に後押しを買って出る大手経済雑誌も現れました。

この辺りで、ちょっとこの本を読んでみようという気になってくれたでしょうか。

ドルの価格下落に象徴されるアメリカの凋落

そうです。本書は荒唐無稽《こうとうむけい》な世迷言《よまいごと》みたいに聞こえる金本位制復活という話が、現代アメリカという時と所で大真面目な政策論議になったこと、そのプロセスに関心を払おうとするものなので、「え?」「まさか」と思う人たちにこそ読んでいただきたいものなのです。

背景にあるのが、ドルの価値下落に象徴されるアメリカの凋落《ちょうらく》です。

と言って慌てて付け加えておきますが、私はアメリカを、落ち目と決めつける立場をとりません。というより、アメリカが本当に凋落したら、世界はロクなものにならず、とくに日本を取り巻く東アジア周辺は危なっかしくて仕方ない場所になると思っています。

けれども、アメリカの力が世界の中で少なくとも経済的・相対的に落ち目であることは否定しようのない事実です。

債務だけ残って資産が激減という状態が、脱却するのにどれほど困難か、日本のわれわれはいちばんよく思い知っています。アメリカでいま、それが起きている。

中でも政府債務が維持できない水準に達したというので、財政をこれ以上拡張できなくなっています。減らすべきなのですが、方法論をめぐってアメリカ政治が立場の違いを乗り越えられず、とうとうアメリカ国債の格付けが下がったことは二〇一一年の大きな出来事でした。代わってアメリカ経済下支えの任務を一手に引き受けざるを得なかったのが、アメリカの中央銀行に当たる連邦準備銀行（フェデラル・リザーブ・バンクス）です。

そのトップ、連邦準備制度理事会議長はいまベン・バーナンキという人ですが、この人は一九九〇年代から二〇〇〇年代にかけて、デフレにあえぐ日本にご託宣《たくせん》をくれました。いわく、空からヘリコプターで札束を巻くくらいのつもりで、カネを市中に流せばいい。そうすれば需要が盛り上がり、デフレが収まるというもので、ヘリコプター・マネー説などと呼ばれた意見を随所で述べました。

さあ自分の課題となって、当代一流の金融学者でもあるバーナンキ氏は、これを実践しています。「量的緩和」という政策がそれ。この言葉の英語頭文字をとって「ＱＥ」と呼ばれ、その第二弾は「ＱＥⅡ」と呼びならわされました。

豪華客船「クイーン・エリザベス二世号」の頭文字と同じです。おかげでさかんに人の口に上りましたが、もしかして、船は「タイタニック」ではないかと恐れる向きもあるのです。

それもそのはず。ドルの増発が激しい勢いで続いているので、その価値は下落に下落を続けざるを得ないようなことになっている。それが一番の問題です。

円高というより、ドル安。その根っこにあるのが、アメリカのドル増発でした。

ちょっとその凄まじさを見ていただきます。

ドルは〇七年暮れより三倍以上に膨張

二〇〇七年一二月三一日の時点で、アメリカ中央銀行（連邦準備銀行）の総資産は九一五〇億ドル（一億ドル単位四捨五入）でした。

三年後の二〇一〇年一二月三一日、それは二兆四二八〇億ドルに激増しています。実に、三年で二・七倍。さらに約一年後の二〇一一年一一月一六日、連銀総資産は二兆八三四〇億ドルと、〇七年暮れより三倍以上に膨張したのでした。


民間から証券をせっせと買い入れたのがその理由、そしていわゆるリーマン危機後、住宅金融が壊れてしまったことが主因でしたが、この片方に、バランスシートですから同じだけ負債が積み上がります。アメリカ中央銀行のバランスシートは負債の側も、四年で三倍以上に膨らんでしまいました。

ところで、中央銀行の負債とは、簡単に言ってしまうと、通貨です。

ドルをそれだけ、世の中にばら撒《ま》いてしまったことになります。たくさん出せば出すほど値が下がるのは、株券だろうが、通貨だろうが変わりません。それがいま起きていること、ドルが価値を下げざるを得ない端的な理由です。

なんとかしなくては——。

ドル離れの方策を考えようと乗り出したフランスと中国は、どちらも元々ドルの一極支配、つまりはアメリカの覇権を忌むべきものと見てきた国ですから、ここぞとばかり「ドルに代わる国際通貨体制」を考えるべきだとやかましく言い始めました。二〇〇九年から二〇一一年前半くらいまでの風潮です。

その後はご承知のとおり、ユーロ危機でフランスは悠長な議論をしている暇がなくなり、初め元気がよかった「アンチ・ドル」論はいつしか下火になります。

が、この間に国際的な会議のため欧州や中国の学者・評論家が書いた論文たるや、夥《おびただ》しい数に上ります。大体は、同工異曲。言ってしまうと、「ドル、ユーロ、人民元、（それからお付き合い程度に日本円）」を主な通貨として、その平均で値段が決まる通貨をつくり、国際的に流通させよう、といった線に収まります。

SDR（「特別引出権」）という、国際通貨基金のバーチャルな通貨がそうして案出され、すでに存在しています（カゴに入れた形の通貨は、いまはドル、ユーロ、円、ポンド）。

実社会でとんと使われないままのこのSDRを、ドルに代わる国際通貨になるよう努めればよい――。議論はそんなふうに進んでいました。

毛色の変わったところでは、まるで言語の世界におけるエスペラント語のように、人造通貨をつくるのだったら、熱帯雨林であるとか水資源であるとか、限りある貴重な資源と結びつけて価値が決まる、そんな通貨をつくれと提唱する向きまで現れました。

言っているのはアヴィナシュ・パソード（Avinash Persaud）という名前の、イギリスではちょっと有名な為替専門家です。つまりマーケットが上がった下がったで商売してきた歴戦のつわものにして、そんな、雲をつかむような議論をするようになったという、そこに、昨今国際通貨体制をめぐる議論がいろいろ発展した様子を汲み取ってください。それもこれも、ドルの揺らぎが引き起こした現象だったのです。

日本は目立つ。ただしその不在において

蛇足を言うと、日本は、この経過を知らぬ、存ぜぬ、で通しました。

まともな論文を出すわけでなし、ひどいときには、有力な学者や実務家を集めた国際会議なのに、日本人参加者の影すら見ないという状態が一再ならずでした。

財務官僚や金融学者たち、日銀エコノミストや金融機関系シンクタンクの研究者は、何をし

ていたのか。

「日本は目立つ。ただしその不在において」という状態だったならまだしも、次代の国際通貨制度を論じる舞台で、日本のことを思い出してすらくれなくなったのが昨今の情勢だったのです。

ここ数年の流れがざっとどんなだったかお分かりいただけたとして、ひとりアメリカでだけは、議論が特殊な発展を遂げます。

まず、ユーロだ、人民元だといったよその通貨と肩を並べるような状態は本能的にいやなのでしょう。SDRの議論は、アメリカ言論空間にほぼ全くといってよいほど出ませんでした。

その昔、イギリスの大経済学者ジョン・メイナード・ケインズは「バンコール」という人造通貨をつくる案を提唱して、アメリカに一蹴《いっしゅう》されたことがありました。

世界政府と世界中央銀行ができない限りこういう通貨は実現せず、そして世界政府とか世界中央銀行などというシロモノは、まず絶対に実現しないし、したとしても機能しないと私は思いますが、アメリカ人もそう考えるのでしょう、「バンコール」の焼き直しみたいな提案は、歯牙《しが》にもかけようとしません。

代わりに、欧州や日本でおよそ誰の口にも上らないアイデアが、大真面目に取り沙汰されるようになったのです。それが、金本位制復活を求める声なのです。

金を通貨として認める州も

いや、ことは議論の高まりだけに収まっていません。もうすでにアメリカでは金を法定通貨として認める州さえ登場し、それに追随しようとする州が一、二に留まりません。

しかもその心情的な原動力というと、ドルだけが金との連結を取り戻し、最強通貨に復活して世界に再び覇を唱えようといった類の権力的なものでは、必ずしもありません。

むしろ、アメリカに節度をもたらしたい、野放図な紙幣の増し刷りみたいなことはやめるべきだという倫理的潔癖に由来するもので、そこに、アメリカの指導力を失いたくない、アメリカをもう一度復活させたいという愛国的動機が加わり起きてきた話だと見ています。

ドルへの不安、金への郷愁を裏付けるように、金価格は高騰を続けています。ニューヨークの金先物市場に投機マネーが流入しているとともに、現物市場でも需要が伸びています。

二〇一一年一一月まで一〇年間の金価格（一トロイオンス＝約三一グラム当たりドル値）を見ると、二七二ドルだったものが一九〇〇ドルへ、七倍ちかく高騰しました。

一〇年前、二〇〇一年にアメリカを襲った同時多発テロの直後、目端の利いた人がいたとして一億円分の金を買っていたとしたら、いまその同じ金はただ金庫に眠っていただけで、七億円の値打ちをもつまでになっているわけです。

それは金価格が上昇したと単純に言うのでなく、ドルという世界一の通貨が、金に対して劇的に値を下げたと逆から考えないと、いま進んでいる変化をちゃんと記述したことになりません。

実はゼリック世銀総裁が言ったのも、そういうことでした。ドルの趨勢《すうせい》としての弱さは、金と比べてこそ鮮明になるのだから、いつも金を参照対象にすべきだと、そう主張したわけです。

ともあれ、これまで一種の「トンデモ」理論扱いされてきた金復活論は、復活するだけの背景を伴っているわけです。

とりわけアメリカでは、大真面目かつ大っぴらに主張され始めているのですから、なぜ、どうして、をきちんと考えておかないといけません。

たとえ二〇一二年の大統領選挙で結局のところ争点にならなかったとしても、再び点火されたアイデアは、底流でくすぶるでしょう。

次に誰もがアルマゲドンを恐れなくてはならないような経済的危機に至った時（そのころには金価格は一オンス五〇〇〇ドルを超えていないとは限らない）、アメリカの大統領が、手品師がシルクハットからうさぎを取り出すように金復活政策を持ち出すことがあるかもしれません。その時日本は正しくそれを受け止めることができるでしょうか。全く予期せざることには反射神経が働かない恐れがあります。

そうならないため、なぜいまのアメリカで金復位を言う人が勢いを増しつつあるのか、読者の皆さんと一緒に考えてみようとするのが小著の試みです。

ブレトン・ウッズもニクソン・ショックも兆候があった

私は以前、『通貨燃ゆ――円・元・ドル・ユーロの同時代史』（日本経済新聞社、日経ビジネス人文庫）という本を書いたとき、二つのことにあきれたり、驚いたりしました。

ひとつは、日本が真珠湾奇襲の挙に出てアメリカ、イギリス相手の戦争を始め、緒戦の勝利に沸き立っていた折も折、真珠湾から一週間後の日曜日に、アメリカ財務省では「戦後」国際経済体制の検討を始めていたという事実です。

ハンス・モーゲンソーという財務長官が、ハリー・デクスター・ホワイトという部下に、調査を始めるよう命令したのがその日のことでした。

ホワイトの尽力で、アメリカはのちケインズとの理論闘争を力で捻《ね》じ伏せて、ブレトン・ウッズというニューハンプシャー州のリゾート地で、戦後体制の骨組みを確立させます。金と交換できる資格をドルにだけ与え、ほかの通貨とドルの関係を固定させるという戦後のいわゆる金ドル本位制始め、戦後経済の土台がここでできたのですが、それが、一九四四年七月のこと。終戦まで一年余り残した時期の話です。

とこういう、いま考えても開いた口がふさがらないような事態の流れを――なにせブレトトン・ウッズのときですら大多数の日本人は負けないつもりでいたわけですから――、当時の日本人はまるでつかんでいませんでした。

次に一九七一年の八月一六日（日本時間）、「ニクソン・ショック」に日本中は衝撃を受けます。リチャード・ニクソン大統領が全米向け放送に現れて、金とドルの交換を直ちに停止すると発表したのでした。

寝耳に水、「想定外」のことだったというので、その名も「ショック」と呼ばれて記憶されることになる事態でした。しかしそれ以前の歴史を少し踏み込んで眺めてみると、事前の兆候はいくつも出ていたのです。

アメリカという国は、第二次大戦中の一時期のような非常時こそ例外だったかもしれませんが、普通は深夜のコンビニみたいな国――そこだけ煌々《こうこう》と明かりをつけた、素通しガラスにしているような国ですから、中の様子がほかの国よりはるかによく見えるのです。

首都ワシントンD.C.には、いわゆるシンクタンクといって、政策ばかりを飽きずに論じている組織が、何十という数、存在しています。朝、昼、晩と、会議や講演をやっていて、誰でも聞きにいけます。

議会は始終公聴会を開き、専門家を呼んでは証言させますが、その傍聴をしにいくのは、あっけないほど簡単です。飛行場で飛行機に乗るまでの手間の方が、はるかに面倒です。

議員たちは、ロビイストから仕入れた情報、スタッフがシンクタンクから仕込んできた話をもとに、知識のあるところをひけらかしたがります。何が心配で、何をどうしようとしているのか、彼らは隠すということができません。

おまけに、言葉が英語です。世界一筒抜けで、およそ陰謀に向かない言語を使わざるを得ない。

たとえば、の話、私はこうして日本語で本を書きながらほぼ日本にいる人を読者と想定していますが、これをもし英語で書いたとして、アメリカにいる人だけを相手にすることなどできません。世界中の人が読むかもしれないと、そう思わざるを得ないでしょう。

ですからかつての「ニクソン・ショック」は、耳を澄まして目をこらしてさえいれば、かなりの程度正確に予見できたに違いなかったと、そう納得できたとき、私はやはり驚き、あきれざるを得ませんでした。『通貨燃ゆ』では、そこを書きました。

いままたアメリカで金を巡って議論が巻き起こっているとき、日本の政府、日銀、それからメディアがほとんど関心を払おうとしていないこと、だからいつか、藪《やぶ》から棒みたいに驚かざるを得ない羽目になるかもしれないことに、いくぶんはらはらしています。

外の世界、なかんずくアメリカで起きていることをつかめず手痛い思いをしたことが一再ならずなのですから、同じしくじりは繰り返したくありません。このささやかな本で、欠落がいくらか埋められたらと念じています。

政治的イシューとしての金本位制復活論

次の章から、金本位制復活論をいくつか角度を変えて眺めていきます。が、事前にお断りをしておきたいことがひとつ。

それは、この論議、経済学的議論であるよりはるか前に、神学的というか宗教的、少なくとも政治的イシューだということです。

金融政策になまじ通じた専門家は、金本位など一笑に付しておしまいでしょう。それでも興味をもつ場合、実際の政策的手順であるとか、「マネタリーベース」に及ぼす影響であるとか、次々知りたくなるはずです。インフレを呼び起こしてしまうのか、それとも、デフレ的な効果を及ぼすのか、とか。

残念ながら、そういう議論を本書は扱いません。

と、いうより、本家アメリカにも、金本位復活政策をそこまで具体的に踏み込んで考えた青写真、研究論文、試論の類は存在していないのです。

あらゆる石をみんなひっくり返し、詰めるべき論点や賛否両論を詰めてからでないと議論できないと考えるのは、霞が関中央官庁が根付かせてしまった悪弊だと思います。

メディアや議員に責められ国会に引っ張り出されるのを避けんがため、あるいは予算をめぐって分捕り合戦を演じざるを得ない他省庁から攻め込まれたとき、跳ね返せるようにするため、ひたすらリスク回避的に、ポジティブリストよりネガティブリストを先に考える癖が、霞が関には根を張っています。それがまた、丸の内や大手町を汚染してしまいました。

ありとあらゆる口実や説明を用意し、ガードを固めてからでないと議論できないのだとしたら、前例がない新機軸、無謀で粗放だが魅力あるプランなど、打ち出せません。

アメリカ人の場合、そうではないようです。

哲学的な土台と価値の尺度に照らした善悪の判断からしてよいと思ったら、実務の難関はどうにかこうにか後から突破できると、アメリカ人の議論を聞いているとそう考えているように思えます。

理屈が多少立たなくても、最後は力で突破できるし、キーになる一角を取り込めば実現できると、力の論理に頼れると考えているフシも見受けられます。つまりはまだ、実務的手順の話に至っていないのです。

経済政策論議の対象となる以前、多分に政治学と宗教論の領域に足をかけた段階にある金本位制こそが、本書の対象とするテーマです。

第一章 「アメリカの原則」プロジェクト

1　皇太子殿下の学友と、金本位制

ロビイスト集団「アメリカの諸原則プロジェクト」

二〇〇九年秋、三年後の大統領選挙に向けすでに動き出していたとあるロビイスト集団の取材をするために、私はワシントンにある小さな事務所を訪ねました。

行ってみると、ホワイトハウスから結構離れた、ということはロビイング・ファームがたくさんある目抜きの一帯から遠い所にある、古い雑居ビルに入っていました。

応対に出たスタッフは、アルバイト学生に毛が生えたような若者です。

続いて責任者を名乗る人物が取材に応じましたが、学者や知識人、あるいはメディア関係者とは、どこか異なる様子です。なんというのか、「政治屋」、「キャンペーン専門家」といった雰囲気をまとっています。

少しは通貨制度の理論的なところを突っ込んで聞いてみようと思っていたのですが、拍子抜けさせられてしまいました。この組織にいったいどれほど信用を置いていいのだろうか、疑わざるを得ないというのが正直なところ第一印象でした。

組織の名前はふるっています。「ＡＰＰ（The American Principles Project）」。日本語に訳

すと「アメリカの諸原則プロジェクト」。

大統領候補や州選挙の候補者を担いだり、圧力をかけたりして、自分たちの理念を実現させようとしているロビイスト集団です。

それだけなら、似たような活動をする組織がいろいろあるなか、別段特別なところはありません。

変わっているのは、実現を目指している理念が「金本位制の復活」だというところです。

APPは、金とドルを結びつける運動を専売特許のようにして推し進めており、積極的に政治宣伝に乗り出していました。

二〇一二年大統領選をにらんだそのブログ・サイトの名前はズバリ「ゴールド・スタンダード（金本位制）２０１２」。金本位制への復帰を大統領選で争点のひとつにするために、力を注いでいたのです。

金本位制をめぐる論議が二〇一〇年ころからにわかに盛り上がってきた理由には、昨今の経済・金融危機がちょっと今までと違うという認識が広まったことに加え、やはりアメリカが大統領選挙という四年に一度の「政治の季節」に向かっていたことが挙げられるでしょう。

APPの創始者は、れっきとした学者です。と言ってもちょっと「名義貸し」みたいな風情があって実質的な関与のほどたるや疑わしいのですが、ともかくプリンストン大学法倫理学教授の、ロバート・ジョージという人物。

まだ壮年と呼べる年齢の方ですが、アメリカのカソリックを代表する学者としてはすでに大御所的な存在で、その世界では大いに尊敬を集めています。

この人と日本との間には、意外な接点があります。

接点とは、皇太子徳仁親王殿下。

殿下がイギリス、オックスフォード大学に留学していたときのことを綴《つづ》られたメモワール、徳仁親王著『テムズとともに・英国の二年間』（学習院総務部広報課発行、一九九三年）という本があります。

留学記というジャンルは、大体当たり外れがありません。異郷でひとり、格闘しながら成長していく物語は、読み手に共感を誘《いざな》います。殿下の本がその典型で、筆致まことに瑞々しく、日本人がこれまで書いた留学記の中で長く読み継がれるべき秀作と信じて疑いませんが、宮内庁は何を恐れるのか、販路を絞り込み、わざと入手しにくくして発売したのです。

私は数少ない販売店だった東京・大手町の書店で購入、その時点で四刷りでしたが、じき絶版になってしまいました。

ともあれその本の中に、ロバート・ジョージに言及したくだりがあるのです。

……アメリカ人の学生K君の家へ夕食に招待された折には、K君の兄弟や従兄弟でオックスフォードに来ている人々が一堂に会し、にぎやかな夕食となり、食後にはバンジョーの合奏を楽しんだ。K君の長兄のR氏は同時期にニュー・コレッジの先生をしており、ニュー・コレッジのハイ・テーブルにも呼んでもらった。R氏は私の滞在中にアメリカのプリンストン大学へ赴任したが、一九八五年、留学からの帰途アメリカに立ち寄った際、ウエスト・バージニアにあるK君の家へ一泊することができ、R氏の勤務するプリンストン大学を訪れた際、女優のブルック・シールズに会えたのも彼の計らいであった。

（『テムズとともに・英国の二年間』一〇三ページ）

プリンストン大学法倫理学教授ロバート・ジョージ

「クラウン・プリンス」が友人

独身時代の皇太子殿下は、日本人なら柏原芳恵、外国人ならブルック・シールズがお好みと知られていました。アメリカでは、ブルック・シールズにお会いいただくために誰か段取りをつけた者がいて、わざわざ当時彼女の学んでいたプリンストン大学まで足を運ばれたといったような印象が、一般にはもたれていたと思います。

実はロバート・ジョージがお招きしていたとわかりました。

ギターやバンジョーを弾かせると玄人はだし、弟たちがみなオックスフォードに学びウェスト・バージニア出身の大家族で、そのころプリンストンの教授になったといったら、ロバート・ジョージしかいません。

彼をインタビューした記事の中にも「友人には日本のクラウン・プリンスが含まれ、交友関係は今も続いている」などとしたものがあります。

ともあれ、そんな一面をもったロバート・ジョージとは、信仰と理性は、どちらを欠いても飛翔できない翼のようなもので、両翼揃って人は初めて精神を高みに立たせ、神の教えを心に思い描くことができるのだと説き、若者には、イエスが富裕な青年に向かって言ったとされる教えと同様、富や名声、地位も皆、いざとなれば捨てる覚悟を持てと促す、信仰心において極めて厳格な人物です。

日本にはなかなかいない類型の学者でしょう。明治維新期の日本に現れていたとしたら、強い影響を与えたタイプかと想像をめぐらせたくなります。

神以外に恐れる者のない彼の発言は、同性婚への反対、中絶への批判といずれも大勢におもねるところがいささかもなく、その信念の強さが、彼をしてカソリック法学の代表的学者にせしめたかと思われます。けれどもそんな学者を担ぎ、それで打ち出す金本位とは、一体どういう理屈でしょうか。

察するに——というのもジョージ自身は禁欲的にも専門外の金について発言しようとしないので推察するしかないのですが、

「放恣《ほうし》に流れる人間の行為は、人智を超える神性を帯びた何物かによって制約されなくてはならない。その『何物か』が、金である」

というところでしょう。

このことは覚えておいてほしいのですが、金を最上位に置いて、ドルの価値を縛れという主張をなす人からは、キリスト教の教えが濃厚に漂ってきます。

いまやアメリカ通貨当局、すなわち連邦準備制度は、序章で触れたとおり野放図に紙幣を刷っては世界にばら撒いているかっこうです。そんなアメリカのあり方に、倫理的な危機を見ているのです。

米大統領選でも情宣活動を続けたAPP

アメリカの場合は自分で刷るドル、イコール、世界通貨で、なんでも買える購買力です。やり過ぎるといつかはドル暴落、大インフレとしてしっぺ返しをくらうと知りながら、無から有をつくる錬金術さながらのわざは、やめようとしてやめられません。

もしそこに聖書の教えを重ねるなら、想像されるものはなんでしょう。虚栄の市、背徳のソドム？　とするとバーナンキ連邦準備制度理事会議長は、欲望の司祭ということになるでしょうか。

そこからおのずと胚胎《はいたい》する倫理の荒廃、紙切れをばら撒いて当座の欲望、当面の必要を満たせばよいのだと考える虚栄のわざが、ある種の人たちに宗教上の拒絶反応を催させるのです。この潔癖は、行き過ぎると他者排斥的になる嫌いがあり、少し不気味でもあるのですが。

ＡＰＰは、米大統領選挙・共和党候補者の一人として二〇一二年選挙に名乗りを挙げたテキサス州出身の連邦下院議員ロン・ポールを当初から支援してきました。ポール議員は、金本位制を復活させるべきだと一貫して言い続けてきた論者の一人です。

そして、ＡＰＰはロン・ポール以外の大統領候補者にも影響力を及ぼすべく、候補になりそうな各州の有力な政治家などに根回しを進め、せっせと情宣活動をしました。

のち、一時は共和党予備選で有力候補かと目されたハーマン・ケイン氏が同意に回り、この人にはＡＰＰのメンバーがアドバイス役につきました。それからニュート・ギングリッチ氏も同調を示しました。

ともあれＡＰＰ事務所の様子を改めて少し思い出すと、オフィスの仕切り壁がガラスになっていて、そこに直近の数週間でやったことやこれから目指すことなどを水性マジックで書いていました。

戦術プランが列挙している形でしたが、別段隠し立てすることもないようで、丸見えです。たとえば「CNNに取り上げさせる」、「候補者に必ずブリーフィング（説明）をする」といった項目が書いてありました。これらのうち、たとえばCNNに取材させるという目標は、その後あまり時間を置かずに実現させています。

政治家に説明するときの、パワーポイントでつくった資料をくれました。

理論的なことは、とくに何も書いていません。ただ、金本位にすると、インフレを防ぐことができるし、ドルが目減りするのを気にしないでよくなる、といった、俗耳に入りやすいことがいろいろと書いてありました。政治家が地元の集会で喋《しゃべ》る中身なら、その程度で十分ということなのかと理解しました。

「みなさんが言う金本位が金融政策にどんな影響を及ぼすのか、経済学者が論点を整理したような本か論文はないのか」と尋ねたところ、私に接してくれた幹部三人は三人とも、少し考えるような表情をして、「ない」と言いました。

言ってみれば「蛮勇」です、彼らにあるのは。逆にそれがないと、そもそも運動など盛り上げられないのでしょう。お門違いな質問をしたことに、却《かえ》って決まり悪い思いをしたものでした。

2 アメリカの原則とは何か

ティーパーティー運動の躍進とAPP

では「アメリカの諸原則プロジェクト」が主張する「アメリカの諸原則」とは何でしょう。それは「同性婚反対」「中絶反対」、そして「ドルと金のリンク復活」……。

つまり、アメリカにはいくつかこうした確固たる「原則」があるのであって、それを踏み外してはならないという政治的宣伝を繰り広げていたわけです。

考えの基底にあるのは、いずれもアメリカは宗教的・倫理的にしっかりしなければ根腐れを起こす、現に起こしつつあるという、割とせっぱ詰まった危機感です。

その意味で「アメリカの諸原則プロジェクト」は、「アメリカをしゃんとさせる諸原則プロジェクト」などと意訳したほうがいいかもしれません。

ところでAPPのような組織が登場した背景には、二〇一〇年中間選挙におけるティーパーティー運動の躍進があります。

ティーパーティーは、オバマ政権が導入しようとした国民皆保険制度にいたく刺激を受け、巨大な官僚組織がプライベートの領域にずかずか入り込んできたと生理的嫌悪感を覚えて、オバマ大統領反対、大きな政府反対を掲げてあちこちで盛り上がった勢力です。

これまた特殊にアメリカ的政治現象なので、外の人間にはなかなか理解が及びません。日本にいるわれわれが分からないのと同じくらい、欧州のインテリたちにもピンとこないようです。

が、政府は「必要悪」であって、できればないにこしたことがなく、どうしてもというなら小さければ小さいほどいいと思いたがる傾向は、「大草原の小さな家」を原風景とするアメリカに、伏流水のように脈々と流れているものでしょう。

ここからは、銃保持を政府が禁止するなどもってのほか、学校教育への公権介入は御免こうむりたいから子供の教育は自分たちでする、といったアメリカに独特の、しかし強固な政治信条を抱く人々が生まれるのですが、ティーパーティーは、医療保険に政府が全面介入してくることを「大きな政府」化の象徴だととらえ、これに大反発したのです。

そしていまや、政府の巨大化を最もよく体現しているものこそ、四年で三倍強に図体を太らせてしまった中央銀行です。

民間債権を買い集め、そのことでプライベートなビジネスに介入しています。あげく、通貨を増発し、ドルを弱め続けている。ケシカラン、となると、ここでティーパーティー的心情は、金本位を求める潔癖派と合流するわけです。

だとするとどんな政治勢力か、見取り図も描けるでしょう。

小さな政府派、社会コンサバ派、孤立主義

小さな政府派は、ほぼ減税派と重なります。ブッシュ政権当時から、この勢力には司令塔格の人物がいて、グローバー・ノーキストという人の影響力が無視できません。いまのワシントンでも、政策論議を一方向に引っ張る極のような役割を果たしています。

それから、中絶反対、同性婚反対を掲げるいわゆる社会コンサバ派（social conservatives）があります。金本位を訴える主張は、この両方をくるむように覆っていく潜在性をもっているわけです。

こういう人たちが政権に就いたとき、かつ、政策を実行に移したとき、対外政策なかんずく対日政策がどのようなものになるかは未知数です。

中国との対抗を強く意識し日米同盟を重視しようとする人々は、相対的に見て民主党より共和党に多いことは確かですが、彼らといえども社会コンサバ派やノーキスト的小さな政府派には一定の距離を置いています。

実際、政府は小さければ小さいほどよく、できればないに越したことがないのだとすると、世界への積極関与とそれを可能にする軍事力や、世界最大のオフィスといわれる国防総省の巨

大行政組織などは望ましからざる存在だということになります。

ティーパーティーや、金本位復活を求める心情を理論的に突き詰めていくと、戦前、大西洋単独無着陸横断飛行を成功させた飛行士リンドバーグがさかんに宣伝したような、アメリカの孤立主義に向かう傾向がほの見えます。

孤立主義者は孤立主義者なりに、アメリカの理念に忠実な愛国者なのでしょう。丘の上、輝く家。独立自尊の自営者とつつましい暮らし。教会がつくる自治組織と、日曜礼拝の教えで身を潔癖に持す人たち。

それがもし「アメリカの諸原則」が想像させる原風景なのだとすると、意外や、金本位制復活思想には、世界からのいっせい退却を促す思想的要素が含まれていることを指摘しておきたいと思います。実際、ロン・ポールは選挙期間中、日米同盟無用、米軍の外国からの総撤退を主張しました。目を丸くし何たる変人かと思った向きは少なくなかったでしょう。発言の裏には、いま見たような背景があったのです。

このあたり、金本位制を支える政治信条の流派を図式化したものが、次ページの図です。

序章で述べたとおり、まだ厳密な経済政策として論じるに至っていないのが、金本位制の主張です。

しかし、図で見るような政治信条に、広範な投網として投げるには、強い訴求力をもってい

米国で金本位制復活を望む流派と人々

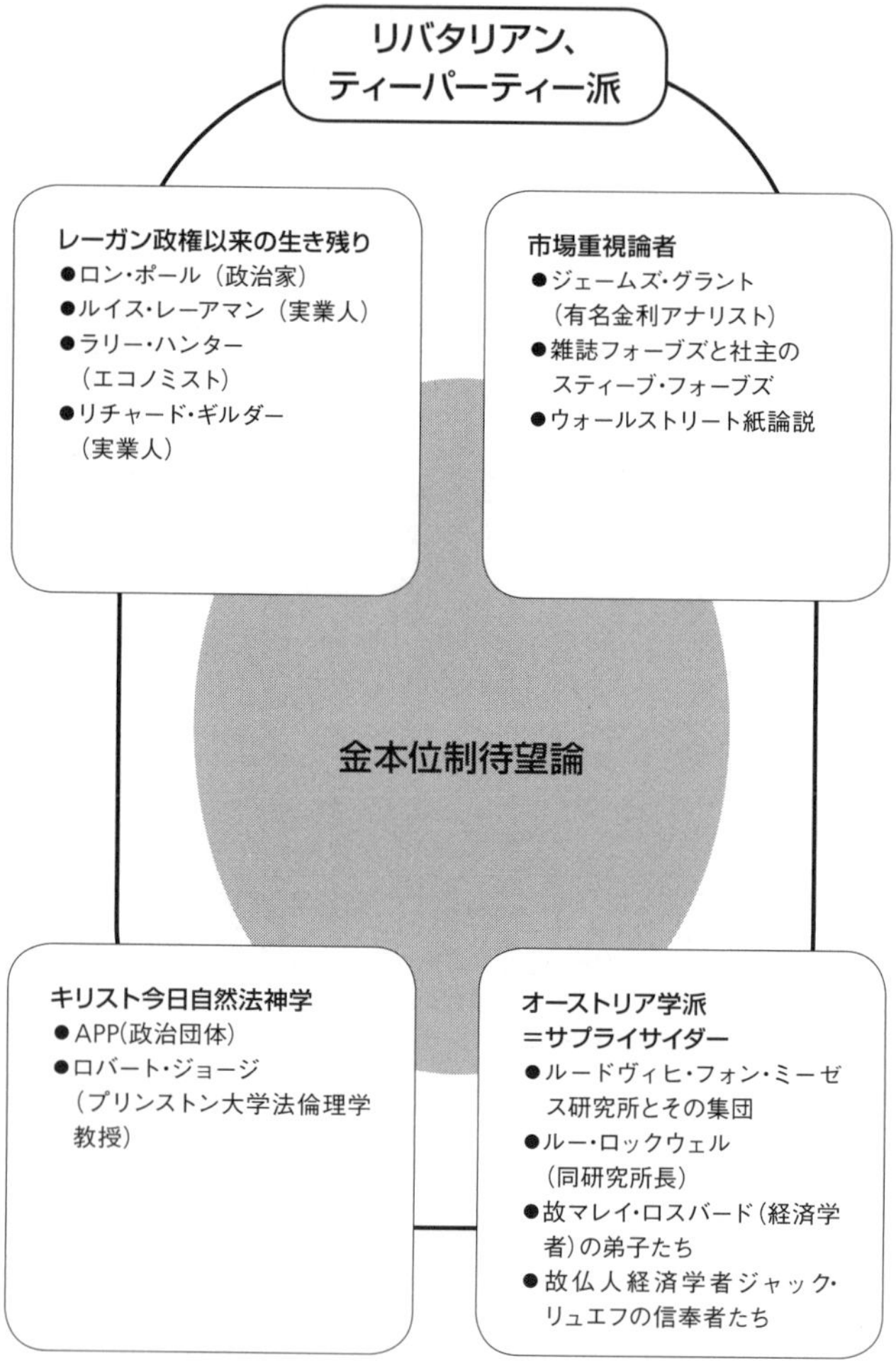
リバタリアン、
ティーパーティー派
レーガン政権以来の生き残り
●ロン・ポール（政治家）
●ルイス・レーアマン（実業人）
●ラリー・ハンター（エコノミスト）
●リチャード・ギルダー（実業人）
市場重視論者
●ジェームズ・グラント（有名金利アナリスト）
●雑誌フォーブズと社主のスティーブ・フォーブズ
●ウォールストリート紙論説
金本位制待望論
キリスト今日自然法神学
●APP(政治団体)
●ロバート・ジョージ（プリンストン大学法倫理学教授）
オーストリア学派
＝サプライサイダー
●ルードヴィヒ・フォン・ミーゼス研究所とその集団
●ルー・ロックウェル（同研究所長）
●故マレイ・ロスバード（経済学者）の弟子たち
●故仏人経済学者ジャック・リュエフの信奉者たち

るのだと言えるでしょう。そう思うからこそ、一部の共和党大統領候補者に、公約として採用しようと考える向きが現れたのです。

金本位制復活論議は、こんなふうに、アメリカ政治の広い文脈に置いてとらえなくてはならず、またそうしたときに、初めてその意味が理解できるのだと思います。単独にこれだけ取り出して、実現性があるの、ないのと論じることは、あまり意味をもちません。

たとえ経済政策としてこなれていないのだとしても、軽視すべきでないのも同じ理由からです。次章では、この図をもう少し深く眺める中で、金復位の主張が何を下敷きにしているかをいろいろな角度から見ていきたいと思います。

第二章 金本位を求める動き

1 「玄人筋」が金復位を言い出した

世銀総裁による金本位制回帰(?)の提案

序章では、ロバート・ゼリック世界銀行総裁が二〇一〇年に著した論説が、金復権論議の導火線になったことに触れました。

ゼリックは、もともと共和党政権の財務省や国務省で高位のポストを得て働いた保守本流の人物です。ジョージ・W・ブッシュ政権でアメリカ通商代表部(USTR)の代表として働いた後、国務副長官から二〇〇七年、世銀総裁に転じました。

一度訪中の折、パンダを胸に抱いている(ハグしている)ところを写真にとられたことがあります。だからというわけではないものの、いわゆる「パンダ・ハガー」(親中国派)、つまり中国に対する「巻き込み派」「エンゲージメント派」として知られています。

要は、中国に「いい子」になってほしいと思っている、アメリカが頑張れば中国を「いい子」にすることができる、と思っている代表格です。

その反動なのかどうかは分かりませんが、日本に対して好意的であったことは滅多にありません。この人と付き合って、いい印象を持ったという日本人は極めて少ない。なぜかは分かりませんが、日本に対しては非常に根深い警戒心を持っている人として、もっぱら知られています。

そのゼリックが、二〇一〇年一一月七日、間近に迫ったソウルG20をにらみつつ、「フィナンシャル・タイムズ」への寄稿で、ドル、ユーロ、円など主要通貨を交え新たな国際通貨体制の構築を提唱し、金を物価や為替変動の参考指標として導入すべきとの意見を表明しました。問題の箇所をもう一度以下に引きます。

通貨価値に対する市場の期待を見る参考指標として、金を用いることを考えるべきだ。経済学の教科書は金を昔の通貨と言うかもしれないが、市場は今日すでに金をもうひとつのマネタリー・アセットとして扱っている。

これにまず世界中が仰天し、「ゴールド・スタンダード（金本位制）回帰の提案」という見出しが各国の新聞の紙面をかざりました。金価格を一気に押し上げるとともに、金復権を求める声を一部でにわかに高めたのです。ちなみに、本邦経済ジャーナリズムの反応は今ひとつでした。

ただし、ゼリックはすぐに、世界を駆け巡った見出しの修正に取りかかりました。

「自分は何も昔の金本位制の復活を推奨しているわけではない。金の価格が高騰する一方で、ドルの値段が下がっている。ドルの価値と金の価格は一種の合わせ鏡のようなかたちで表れているから、金の価格を見ながらドルの行く末を考えることは有益ではないかと言ったまでだ」というわけでした。

にもかかわらず、金がドルとある種リンクしうる何かであることが共通認識となったという点では、ゼリックの意見が議論を一段階上げたとは言えるでしょう。

有名金利ウオッチャーは

いわば金とドルの再合流論は、通常なら「そんなバカな」と相手にされないところです。現にノーベル経済学者（というよりこのごろではニューヨーク・タイムズ紙のコラムニストというべきか）のポール・クルーグマンなどは、ゼリックを指して「この世で最も愚かな人間と評したとしても、まだ優しすぎる」（同紙二〇一〇年一一月八日付）とこき下ろしています。

アカデミズムの世界では、ここまで遠慮のない物言いをするかどうかはともかく、大方はクルーグマンに同調するでしょう。

ところが最近の特徴として著しいことは、マーケットを観察してその道のプロになったような実務家・専門家の中に、金本位制回帰を唱える者が現れてきたという事実です。

実務に通じている点、ゼリック以上の人物が賛成に回った辺りから、この議論を観察する者にとっては俄然面白さが増しました。

その人が、アメリカ債券市場・金利動向の観察者として、もし知らなければモグリだというくらい著名なジェームズ・グラントです。

一九八三年以来、「グラントの金利観測（Grant's Interest Rate Observer）」というニューズレターを出して今日に至ります。ボンド（債券）マーケットに投資するならまず必読扱いのニューズレターで、購読者はもちろん銀行のトレーダーなどその道のプロです。言ってしまえば海千山千。何があるべきかより、何があり得るかにしか関心がないかに思われていた人でした。

金利の専門家ジェームズ・グラント

そのグラントにして、ニューヨーク・タイムズの二〇一〇年一一月一三日付に寄稿した、「ドルを再び健全にする方法（How to Make the Dollar Sound Again）」と題する記事によって、金本位制復活論をメディアの表舞台に押し上げたのです。

のみならず、一二月六日には夜の長寿トーク番組チャーリー・ローズ・ショーにも出演し、いわばアメリカの寝室にも同じ議論を届かせました。

月刊誌社主フォーブズ

言論人であるだけでなく自ら大統領候補に名乗りを挙げたことがあり、共和党中枢に極めて近いという意味で玄人筋の一人に数えていいのが、スティーブ・フォーブズです。経済・経営専門雑誌『フォーブズ』のオーナー兼発行人として著名です。

アメリカの経済雑誌には『ビジネスウィーク』『フォーチュン』などがありますが、大資本の傘下に入ったそれら競合誌に比べ、フォーブズはいまもオーナー経営です。

明らかにそのせいでしょう、フォーブズは論調が旗幟《きし》鮮明、ウェブサイトに掲載するブログの類は、いまや金本位制の啓蒙・宣伝・推奨の場と化した観さえあります。

もはや、金本位制復帰の主張は、好事家《こうずか》がインターネットの片隅で同好の士と語らうためだけの話題――かつてはそんな印象が強かった――ではなくなりました。

金復位の議論を表舞台にのせた点、有力な役割を果たしたといってよいフォーブズ自身、「五年もすれば、ドルと金は再びリンクする」と明言し、波紋を呼んだ経緯もあります。

ここまで来て、驚かれた方がいるでしょう。金復位の議論は、いまやアメリカ人にとって、少なくとも「聞いたことがある」ものになっています。

CNNなど大手放送メディアも、さすがに無視できなくなり、何度かとりあげるまでになりました。

シンクタンクや大手マスコミ

二〇一一年一〇月五、六日、ワシントンD.C.では「ヘリテージ財団」が、その名も「ドルを安定させるにはどうすればいいのか」と題したシンポジウムを開きました。テーマとは、ズバリ、金本位制です。

ヘリテージ財団は、AEI（American Enterprise Institute）と並び立つ、共和党保守系のシンクタンクです。AEIより少しばかり保守寄りと見ておいていいでしょう。

この日ヘリテージが開いたシンポには、「金本位制に戻るべきだ」と主張する識者たちが一堂に会しました。

そこに、いちばん重要なスピーカーとして登場したのが、ルイス・レーアマンという根っからの金本位制論者です。ほかならぬヘリテージやAEIに長年資金援助をしてきた人でもあります。

この人物と、もう一人、共和党下院議員のロン・ポールとは、金本位制復活論における大御所と呼ぶべき人たちで、本書では後に一章を当て、彼らの議論を詳しく見ることにします。

経済ジャーナリズムの本丸格、「ウォールストリート・ジャーナル」にも、金本位復帰を求める論説が何度か載りました。

同紙は日本で強いていえば日本経済新聞のような立場にあります。ただし両者が決定的に違うのは、ウォールストリート・ジャーナルの社論が非常にはっきりしている点です。社論とストレートニュースの論調が、同じ会社・新聞とは思えないほど分かれているのがこの新聞の特徴なのです。

過度の類型化は避けるべきですが、あえて言うとストレートニュースの方は大企業に対して得てして批判的です。「リベラル」な、と呼びたい記事にもちょくちょく行き当たります。ところが社説や論説のトーンとなると、これは極めて旗幟鮮明。徹底的な「小さな政府」派で、共和党の中でも右寄りの人たちに近い「サプライサイダー」なのです。先に少し触れたグローバー・ノーキストが、いまではそのチャンピオンです。

この人が毎週水曜の朝、限られた関係者を呼んで実施する会議に、出たことがあります。猛烈な速度で、うなりを上げるようなテンポの議論です。その間に、部屋にいる人には、私さながら、キャンペーンの対策本部といった風情でした。争点、論点が次々挙がり、関係する団体の代表者が短い情勢報告をします。

のような傍観的観察者、しかも外国人も含めて全員に、ちらしや論文の類が次々配られます。

厚さは、あっという間に一センチメートルくらいになりました。

日本にはない類の集まりであり、指導力のスタイルですし、情報を共有・処理する速度もすさまじいものだと感心した覚えがあります。

サプライサイドとの親和性

ともあれ、「サプライサイド派」は、日本語になるとよく「供給重視学派」と訳されます。

これほど誤読させやすい訳はありません。

反対語は、ディマンドサイド。需要の側に働きかけて景気浮揚を図るというと、これが政府による公共投資など、公的セクターの需要創出を重視する俗流ケインズ政策になりますが、サプライサイダーはこれを最も忌み嫌います。

とこんなふうに、対立概念との比較で考えたらよく納得できるように、サプライサイダーとは、つまり「小さな政府派」なのです。

その極北が、前に触れたティーパーティーですが、政府は小さくなくてはいけないのですから、イコール「減税派」と同義になります。つまりサプライサイダーとは減税重視の一派なのです。

ウォールストリート・ジャーナルは、右のような意味でのサプライサイダーであることを自他ともに認め、政府の放逸な膨張を防ぐ手立てなら、何にせよ注目したがる傾向を強くもっています。一般報道記事はともかく、社説や論説は、その線での主張になります。

金本位制の議論は、ドルの価値を金の重量で決め、しかも法律で決めようとする主張で、通貨発行に人智が介入する余地をいっそ奪ってしまえとするものです。

大きな政府化を縛るものとなるわけで、この新聞に受け入れられやすいのです。

ジャック・ケンプ、ボブ・マンデル、ジュード・ワニスキー

ウォールストリート・ジャーナルにかつて、ジュード・ワニスキー（一九三六〜二〇〇五年）という論説委員がいました。既に鬼籍に入ったこの人を、生前の二〇〇一年二月、ニュージャージー州北部の小さな町モリスタウンにあった自宅兼事務所へ訪ねて行ったことがあります。

「金本位制復活」の芽はあるかを尋ねるためでした。

当時のこととて、答えは「あり得ない」であろうと見込みはつけていたものの、なんとかこの名物ジャーナリストに会っておきたかったのです。

彼の業績は三つあります。

一つは、学者廃業寸前だったロバート・マンデルを「再発見」したこと。最適通貨圏なる議

論によって「ユーロの父」と呼ばれるこのノーベル経済学賞受賞者は、「マンデル・フレミング・モデル」という、あらゆる経済学教科書に出てくるモデルの考案者としても有名ですが、一時期深刻なアルコール依存症にかかりました。

ワニスキーの力添えで再び執筆を始めていなければ、そのまま埋もれてしまったかもしれない人です。

しかもワニスキーは、カナダ生まれのこの経済学者が金復位に熱心であることを大いに買い、「ノーベル賞までもらって、何も気にするものはなくなったのだから、これからは金の話を大いにやれ」とマンデルを督励してもいます。

二つ目は、サプライサイドという言葉を広めた人物はワニスキーだったということです。生前、邦語訳がないのをワニスキー自身悔しがっていたその主著『世界はこう動いている（The Way the World Works）』には、ディマンドサイドと対比させたサプライサイドの定義づけが丁寧に書かれています。アーサー・ラッファーといって、レーガン政権初期の減税政策を主導した経済学者はマンデルの数少ない弟子でしたが、ラッファーのプランを世に出すうえで大いに貢献したのもワニスキーです（「ラッファーとは毎日のように電話していた」と筆者にそう言いました）。

そして三つ目が、彼自身、強固な金復位論者だったことです。

今でこそ、こうして一冊の本にしているように、アメリカで金復位の声がそれなりに聞こえるようになりました。けれども一時期、ちょうど私が彼の自宅兼事務所を訪ねていったころといったら、金の話など持ち出そうものなら変人扱いされるのがオチでした。

ワニスキーこそは、自らその変人役を買って出たほとんど唯一の人だったのです。

当時の連邦準備制度理事会議長アラン・グリーンスパンもかつては金本位論者だったことを知るワニスキーは、しつこくグリーンスパンに食い下がり、金についての意見を言えと迫ったものだから、「とうとう、面会はお断り、電話もしてくるなと言われた」のだと教えてくれたのを思い出します。変節漢め、と言いたげな表情で。

では、「隠れ金本位論者」は強いて挙げると誰なのかと尋ね、ワニスキーから聞きだした人名をいま改めて振り返り、いささか感懐を催されます。

一人は、プロアメリカンフットボーラーから転じてニューヨーク州選出共和党下院議員となり、大衆的人気から大統領候補の呼び声さえあったジャック・ケンプ（二〇〇九年没）です。「ケンプには会えないだろうが、経済アドバイザーでラリー（・ローレンス）・ハンターというのがいるから、話を聞きに行け」と言われるまま、ワシントンD.C.にあったそのオフィス（エンパワー・アメリカといった）にも訪ねて行ったものです。

その時「当節、誰も金のことなんか話していない」と私に語ったハンターその人が、いまや

「ゴールド・スタンダード2012」という、APPの兄弟筋に当たるグループの主要メンバーとなり、文字どおり金本位制復活を主張しているのです。

もう一人は、リチャード・ギルダーという財界人でした。

この人は、ニューヨークの金融関係者の間にサプライサイド政策を求める圧力団体「成長のためのクラブ（Club for Growth）」をつくったことで知られます。またジョージ・W・ブッシュ（息子の方）元大統領とは、プロ野球球団テキサス・レンジャーズ（ダルビッシュが移籍した）の株主として役員会で席を並べた間柄だとのことでした。

先ほど、ヘリテージのシンポでしゃべったとして紹介したルイ・レーアマンが、このギルダーと盟友だったことに、本書を記す過程で初めて気づきました。

両人は二〇〇五年、ブッシュ大統領によって、「人文科学賞（National Humanities Medal）」という、我が国で言うと文化勲章に相当するような権威ある賞をペアとして授けられています。私費を投じて、建国以来の重要文書を蒐集、保存してきた多くの活動が評価されたとのこと。

また、レーアマンが主宰する研究所（レーアマン・インスティテュート）にいるジョン・ミューラーというエコノミストについて調べてみたところ、一九七九年から八八年までジャック・ケンプのスピーチライターだったことが分かりました。

レーガン政権では、減税策を考案した人物の一人だったともいいます。

いかにも人脈の点と点が、ワニスキーの描いた星座の中でつながってきた感に襲われます。

それらの人々がおおっぴらに金復位を言い出す時がやってきたのです。ワニスキーは少し死ぬのが早すぎました。

2 アメリカ各州で法制化の動き

南部諸州で金を法定通貨とする法案提出

しかしいくら政治宣伝を声高に唱えても、あるいはメディアがまことしやかに話題に取り上げても、金本位制復活など時代錯誤の絵空事ととらえるのが常識的な態度でしょう。まともな経済学者なら一笑に付すたぐいの与太話、と思う人がいて不思議ではありません。

ところが、ここがアメリカの面白いところです。州レベルでは、金本位制復活議論が少しずつ広がりを持ちはじめ、現実に金を通貨として認める法律が真面目に論題として取り上げられています。

ジョージア州、バージニア州、テネシー州、ノースカロライナ州など主として南部諸州で、金を法定通貨として認める法案が州議会に提出されました。内容は州によってそれぞれ異なりますが、二〇一一年六月時点で、一二を超す州において同様の論議が進められていました。なかでも、ユタ州では知事が議会を通過した法案を承認して正式な立法化にまで至り、二〇一一年五月から、金貨と銀貨が法定通貨として認められるようになりました。

金、銀の購入に際しては売上税が免除されるほか、保有によって評価益が出た場合に連邦政府が課すキャピタルゲイン課税を、州民に対して一部還付することも定めています。

もはや通常の「商品」であることをやめ、「通貨」と化した金（銀）に対してなら、これらは当然必要となる手立てでしょう。

これは実のところ、途轍《とてつ》もないことです。

というのも、ここでの金は、たとえていえば東京で高田馬場・早稲田商店街が発行している「アトム通貨」みたいなもの、つまり一定区域でしか通貨として、交換手段として通用しない「地域通貨」に過ぎません。

通貨は、世界中どこに持っていっても通貨の役割を果たさなければ意味がありません。それが通貨の通貨たるゆえんです。いわば時空を越えた交換可能性を持ったものが通貨です。そして今のところ、世界で最大限の交換可能性を有している通貨は米ドルです。

ところがユタ州は、そんな現実におかまいなく、「ともかくドルは危険だ、これからは金だ」とばかりに、単純明快な議論で法律を制定してしまいました。

理屈の上では、ユタ州に税金を納める時に、金の延べ棒や金のコインを持っていって納めることができます。仮に受け取ってくれるならばの話ですが、金の現物を持っていけば車を買うこともできるはずです。そういう状態にユタ州は、米政府に相談もなく（相談する必要すら感じなかったでしょうが）、独断で持っていったのです。

ユタ州の主張を忖度《そんたく》してみると、こんな感じでしょうか。

「ドルはこのままいけば、どんどんワシントンD.C.（中央政府と中央銀行）の手によって価値を失い続けていく。自分たちの財産は、一片の紙切れに過ぎないドル紙幣にしておく限り、みるみる目減りしていって、いずれ価値を失ってしまうだろう。そうなる前に、自分たちで自己防衛すべきである。すなわち金を買って、少なくとも自分たち自身の州では通貨として認めておくべきだ」――。

3　政府への不信と終末観

中央政府に対する不信・不満と一種の終末観

ここから見てとれるのは、まず中央政府に対する州政府の根深い不信感です。

日本でもある程度そうかもしれませんが、アメリカの地方には、中央政府に対する不信・不満が蔓延しています。

たとえばモンタナ州では、中央政府から州の主権を回復させようとさまざまな法案が提出されたことがあります。中央政府の健康保険法を無効化するための法案や、地方の保安官であるシェリフの権限を、中央政府の捜査官（ＦＢＩやＣＩＡ）より優先させる、といったものです。地方の抵抗たるや、なまなかなものでなく、かつ、建国・立国のそれこそ「原則」に照らして地方が善、中央は必要悪という前にも触れた発想があることが、州独自のそうした立法を生み出す土壌にあるわけです。

そしてもうひとつ、指摘しておきたいのは一種の終末観です。

聖書でいう「終末」が来た時の自己防衛手段は、紙切れではなく金であるという考え方です。アメリカには、東日本大震災で起こった津波が押し寄せてくる画像を見て、啓示に撃たれた人が少なからず存在しました。

「まるで聖書でしか見ないような光景だった」、そう話していたテレビ（ＣＮＮだったか、どこだったか思い出せない）の記者が現にいました。

いつか必ず、聖書に書かれてあるような天変地異が起きると心のどこかで思っている人たちが、アメリカにはいつも一定数存在します。

黙示録的な世界観に立つと、大地震や大津波は、「終末近し」の兆候であり、言い換えると

「メシア降臨」の前触れです。

だから天地がひっくり返るような出来事を、むしろ秘かに待ち望んでいるふうさえ、それらの人々にはあるのです。

ユダヤ教、キリスト教的伝統によると、それこそが、善良なる人々への最終的救済が間近に迫ったことを暗示するからです。まさしくこれを主題としてSFタッチで描き、長らく全米ベストセラーの地位を占めている『レフトビハインド（邦題・取り残されて）』というシリーズ本（邦訳・いのちのことば社フォレストブック）があります。

大変動がいずれ世界に起きた時、自分たちの身を守ることができるのは金しかないという議論を州議会がまともにやって、それに州知事がサインする——。

おそらくこれは、アメリカにしか起きない現象であり、ひとつの景色です。アメリカの特殊でユニークな側面です。こういうことを現実にやるのがアメリカの一側面だということを、われわれはどこかで踏まえておく必要があると思います。

すなわち、荒唐無稽だなどと等閑視していると、いざというとき現にやってしまうアメリカの実行力まで日ごろから軽視する癖がついてしまいかねません。

金本位制論者とキリスト教原理主義者

金を通貨にする動きを見せている地域を見ると、ティーパーティー運動が強かった一帯と重なっています。では、ティーパーティーはどういうところで根強いかといえば、キリスト教原理主義者、つまり聖書に書かれていることがそのまま事実だと思っている、ないし思いたがる人たちが多く住む地域です。

ユタ州はキリスト教の中でも新興宗教、厳しい戒律で知られるモルモン教（末日聖徒イエス・キリスト教会）教徒がたくさん住む地域であり、この州から登場した政治家は、ティーパーティー運動の旗手の一人でもありました。

ジェイソン・チャフェッツという二〇〇八年中間選挙で共和党現職を破って当選した人がそれ。ブッシュ前大統領はじめ錚々《そうそう》たるメンバーから推薦や支持を受け、楽々勝てると見込まれていた現職を、予備選挙で打ち破り、共和党候補の地位を得たことがユタ州はもとより全米の話題となりました。

「草の根アライアンス（同盟）」というユタ州ティーパーティーのサイトを見ると、綱領ふうの文字が躍ります。

「私たちは、神を信じる」が最初の一節。続いて「小さく、局限された政府、財政の責任、命を守る権利（つまり中絶反対）、自由と私有財産への権利を信じる。各州が連邦政府をつくったのであって、その逆ではない。ユタ州は主権をもった州である」

といった言葉が続きます。

そんな州で、どこかに終末を想定し、金で備えをと考える思想がついに法律にまでなったというのは、これは偶然とは思えません。

このようにアメリカで議論されている金本位制とは、繰り返し言いますが、政治や宗教と密接に関わっています。ここがこの本の主たるテーマですから、また第六章でも改めて考えたいと思います。

第三章

今度のドル安は違う

1 中央銀行の大量通貨増発

それにしても、ドルが信頼できなくなったこと、アメリカ人自身さえ、見限りたい通貨になったことは、強調してしすぎることがありません。

かつてスローガンのように言われ、制度によって保証されていた事実でもあったことに、「ドルは金と同じ価値」だとする見方がありました。アズ・グッド・アズ・ゴールドと、ドルを称して言ったものです。

もしドルへの不信がアメリカ人自身の間ですら広まっていくのだとすると、これは言わずもがなですが、日本を直撃します。

市場は、一ドルが七五円台になったとき、もう七〇円を次の目標とするもので、仮に現実化し一ドル六〇円台になりでもしたら、そしてその状態がしばらく続きでもしたら、日本の輸出産業はすべて海外拠点を買収して出て行かざるを得なくなるでしょう。

トヨタ自動車ですら、日本本格脱出を考えざるを得なくなってきます。かろうじて持ちこたえている東海道・山陽ベルト地帯の生産力は、櫛の歯が欠けたみたいになりかねません。

その場合、外国人（非居住者）が邦銀に開いた口座に懲罰的マイナス金利を課すとか、事実上の資本移動停止手段を、時限的にせよとらざるを得ない事態にまでなるかもしれません（これは倉都康行という金融の専門家がつとに指摘している）。

なぜこのようなことになってしまったのか。金と反比例の関係にあるドル価値の下落について、三つに分けて理由を整理しておきたいと思います。

第一の理由は、すでに序章で述べました。「発行のし過ぎ」です。

連邦準備銀行のバランスシートが、四年で三倍以上に膨らんだことを、そこでは指摘しました。さすがにドル価値は四年で三分の一にはなっていませんから、いまの状態でもまだよく持ちこたえている方だといえます。

2 アメリカ経済の構造的弱さ

ドル下落の第二の理由は、アメリカ経済が抱える構造的な弱さです。

最近、「アメリカやヨーロッパは日本のようになるのか」というテーマが欧米の経済論壇によく登場します。「日本のようになる」とはどういうことでしょう。

二〇一一年八月の英エコノミスト誌が、〝Turning Japanese〟（日本人になっちゃう）という見出しで、ドイツのメルケル首相とアメリカのオバマ大統領にそれぞれ着物を着せた風刺画を表紙に掲げました。オバマ大統領は米ドルを象徴する緑色の着物を身につけ、メルケル首相はユーロのマークがついたかんざしを髪に挿しています。

「日本人になっちゃう」とは結局、膨らんだ債務を消すことばかり考えて、雇用が伸びていかないということを表しています。

振り返ると、一九八〇年代末に日本では急激な資産価格上昇のなか、企業や個人が土地やゴルフ会員権、株券などをこぞって買いあさりました。

ところが、あれは忘れもしない、「平成の二・二六」と呼んだ一九九〇年二月二六日、株価がストンと下がったのを節目に、バブルの崩壊が始まりました。

やがて土地取引の総量規制をきっかけとして、戦後一度も下がったことのなかった地価が崩落、資産価格の総崩れが始まったのはご承知のとおりです。

バランスシートでいうと、左側の「資産」の方の額がぐっと下がったのに、右側の「負債」は減らない状態です。

そこで日本の企業がやったことは負債、つまり借金をせっせと返すことでした。

新たな借り入れなどは、全く起きません。なにせ、負債を減らすこと、バランスシートを縮めることこそが、いの一番に重要なことだったのですから。

労働市場が硬直し、住宅市場が冷え込む

そうして借金返済に汲々《きゅうきゅう》とし、攻めより守りばかりを続けているうち、企業は体力を失い、競争力を失って、気がついたら日本の得意分野であるエレクトロニクス産業も、韓国最大手の総合電子企業サムスンの後塵をはるか後ろで拝さなければならない状態になってしまいました。

もしかしたら、こうした日本に起きたと近いことがアメリカで起きているのではないか、と多くのエコノミストたちが疑い始めているわけです。

現にアメリカ企業の資金需要はまったく伸びず、そのせいで銀行の融資も伸びていません。銀行の融資が伸びないということは、世の中に出回っているお金が、さして増えないということです。

それに対して連邦準備銀行は、「ヘリコプター・マネー」よろしく、せっせとドル紙幣を刷ればやがてそれが世の中に出回るだろうと期待し刷り続けているかたちです。

けれども同じようなことを日本銀行がこの二〇年やり続け、実のところ、さしたる効果が上がらなかったのです。

おまけにアメリカの場合、いちばん傷んだのが家計だったという違いがあります。

日本の場合、問題は企業と銀行の間で起きました。さんざ遅いと批判されはしたものの、銀行への資本注入に踏み切った辺りを境に、不良債権の処理は進み、いまではバランスシートの

健全性を見ると邦銀は見違えるほど良くなっています。

しかし住宅部門にバブルを起こしてしまったアメリカの場合は家計がいちばん傷んでいますから、解決は容易でないでしょう。

すでにこのことは、アメリカ経済における労働市場の硬直という、アメリカらしからぬ問題を引き起こしています。

ひとつの産業がだめでも、別の新しい産業へ、ある地域が不況になったら、どこかよその地域へと、人間が移動することで、アメリカ経済はその活力を支えてきたはずです。

ところが、実例をひとつ挙げると、インドの最大手財閥タタ・グループが、不況にあえぐデトロイト——自動車産業の中心地です——で新たな工場をつくり、採用者募集にとりかかったところ、不況の只中、買い手市場のはずなのに、なかなか人材が集まらないという事態に直面しました。

どうしてなのかとタタの採用担当者が調べてみたところ、持ち家を売れないから引っ越しできず、デトロイトまで移動できない人があまりに多くて、つまりは労働市場に横断的な流動性が失われてしまっていることが原因だとわかりました。

家を売れないのは、ひとえに住宅市場の冷え込みのせいです。バブル崩壊は、アメリカ経済にここまで影響を及ぼしつつあるのです。

アメリカ経済の先行きに対する観測は今、数十年に一度というほどの弱気にあります。しかもその弱気は、景気循環に基づく弱気というよりも、バランスシートの奥深くに溜め込んでしまった構造的な要因に基づくものです。

下がったものは待っていればまた必ず上がるというドル下落に対する楽観論は、どうも今回は通じないのではないか、と、そういう見方が出るのも無理からぬところなわけです。

日本化した経済をアメリカはしのげるか

ことのついでに紹介しておきますが、モハマド・エラリアンというエコノミストが面白いことを言っています。

ピムコという、世界最大級の資産運用会社で、相場観をつくる責任者をしているのがエラリアンです。ということは、世界で最も注目されるエコノミストの一人です。

この人に言わせると、アメリカ経済は明らかに日本化しているのだが、日本化した経済を、アメリカは日本のように穏やかにしのぐことはできないだろう、と。

確かに、日本は「日本化」した経済をかれこれ二〇年やってきて、社会の安定を依然として保っています。千年に一度という大地震に見舞われ、原発のメルトダウンに接してさえ、略奪暴行、乱暴狼藉の類は起こしませんでした。

アメリカはもっと騒々しい反応になるのじゃないかと、この人は言っているのです。

3 ドルの支え手が日本なら良かったが

ドル下落の三番目の理由は「ドルの支え手」の問題です。これは一番目、二番目と切り離して議論できる話ではありません。

アメリカは国全体としてずっと貯蓄不足でした。つまり需要が旺盛すぎて、貯蓄に対して消費や投資が多すぎたのです。それが民間部門だけでなく、政府部門も同様で、巨額の財政赤字に苦しんできました。

それに対してアメリカは結局、外から資金を借り入れて、つじつまを合わせてきました。アメリカの貯蓄不足は昨日今日、始まった話ではありません。

違うのは、アメリカの借金の面倒を見てきた主体です。アメリカ政府が発行する国債を、買ってきたのは誰だったかです。

八〇年代から九〇年代半ばまで、アメリカへ資金を提供していたのは、断然トップが同盟相手の日本でした。しかし、現在アメリカに対して資金の出し手となっている国は、これまでと質を異にします。

「同盟相手」ということは、いざとなったらアメリカは、たとえば日本なら在日米軍を引き揚げるといった切り札をいくつも切ることができる相手であることを意味します。

確かに日本に向かって在日米軍を引き揚げるという脅しをかけてきたことはこれまでありません。日本の置かれた地政学的な立場からしても、アメリカの方から軍を引き揚げることは、これまでのところあまりにも非現実的でした。

しかし日本と同様、アメリカとの同盟関係を結んできたドイツには、アメリカの脅しに過去さんざん悩まされた事実があります。それは、こんな歴史でした。

一九六〇年代、アメリカで膨らむ経常収支赤字の主要原因は、海外の米軍にかかる維持費用だという議論がアメリカの中で強まりました。

同盟相手の安全を、自腹を切って守ってやっている。それなのに、西ドイツ（当時）はアメリカに対して貿易黒字を出し続け、いわばアメリカから収奪している。

ケシカラン、米軍を西ドイツから引き揚げるべきだ、と、そういう議論が現にあったのです。

当時、大蔵省きっての国際派で、のち財務官になる柏木雄介氏（故人）が、そういう話を耳にしていました。

このころのアメリカ財務長官ジョン・コナリーは、ケネディ大統領暗殺の瞬間、テキサス州知事として同じクルマに乗り合わせ、自らも銃弾を浴びたことで有名です。

テキサス気質というのか、ズバズバ物を言うことでも有名で、彼が残した台詞として通貨問題に関して始終引用される言葉があります。

「ドルは俺たちの通貨だが、問題はあんたたちの側にある」というものです。

為替変動リスクを生むのもそのツケを引き受けるのもアメリカでなく、たとえばドイツ、あるいは日本の側に責任がある、というある意味得手勝手な、しかしアメリカ中心的な発想の典型例として、いまだにちょくちょく人の口に上ります。

ともあれ、当時ソ連の戦車がいつでも侵入して来かねない西ドイツにとって、米軍の支持を失うことなどできません。

音を上げたドイツは、ドルに対するマルクの切り上げに踏み切ります。

国内産業界には、マルク高でもやっていける競争力をどう維持するかという問題意識が、その分早く現れました。

価格競争力の強いブランドこそ、自国にとって競争力を支えるものだという自覚が生まれました。ポルシェやダイムラーなど自動車ではよく知られていますが、一部の工作機械にも、ドイツ製が圧倒的シェアを握っているもの、価格決定権を独占している商品群があるようです。

同時にドイツには、ドル（ということはアメリカ）に振り回されないで済む仕組みへの渇望が生まれます。それが、欧州統合や、単一通貨ユーロを受容する余地をドイツのなかにつくっていきます。

孤絶した先進経済・民主主義国だった日本

翻って日本をみると、軍事力引き揚げをちらつかせつつ恫喝《どうかつ》されるような経験はしていません。けれども長らく周辺に、先進経済国が存在せず、民主主義国さえなかった日本の置かれた地政学的条件は、ドイツよりよほど不利、過酷だったといえます。

ドイツ（西独）は第二次大戦終結とともに、東西冷戦の最前線に置かれ、生きて行くためにはフランス、イギリスとの交際・交易をしなくてはなりませんでした。

敵との和解が翌日から必要だったことは痛みを伴うものだったかもしれませんが、相手は何せ、自由民主主義、市場経済を重んじる国々です。

西独をして欧州の「良い子」にさせたのは、この政治経済的現実であり、インセンティブの存在です。英米仏の指導下に身を投じることで、生存を図った、図らざるを得なかったのが戦後のドイツでした。

それに引き替え日本の場合、アメリカとも付き合うが、近所の中国や韓国とも仲良くして身の安全を図るなど、土台無理な話でした。

若い読者のため補足をしておきますが、一九七二年まで、北京は正式には、日本の「敵」です。友邦国になどなり得なかった、という意味においてですが。

中国人は中国共産党を「中共」と称し、別段そこに政治的含意を込めません。しかしあのころまでの日本は台湾にある中国を国として承認し、北京の中国はただの共産党政権とみなしていたので、「中共」と呼ぶのが大陸を支配するあの国に関する正しい呼称でした。

我が国左翼は、この呼び方がすでにして「反共」、右翼反動であると言い、なにかと文句を言っていたくらいです。

最大の隣国が冷戦下で関係途絶状態だったとしたら、最も近い隣国・韓国には、一九七〇年代初めころまで「春窮」という現象が残っていました。

流行の発信地にしてエレクトロニクス産業のトップランナーとなったいまの韓国しか知らない世代には、想像もつかないことかもしれません。

春窮とは、翌年蒔くための種籾《もみ》まで冬の間に食べ尽くし、春を迎えると、麦が採れるまでの間は口にするものがなくなって飢餓に陥ること（現に飢え死にする人もいた）を言いました。そういう現象が、ついこのあいだ（と私には思える）まで韓国では珍しくなかったのです。

そんな状態ですから、全盛期のビートルズがアジア・ツアーを計画したとき（一九六六年）、集客力があって、興行の成り立つ国といったら全アジアで日本くらいしかなかったのです（日本の後で寄ったフィリピンでは大統領官邸でのレセプションをドタキャンしたのがケシカランと、半殺しにされかねない目にあった)。

つまりそれほどまでに、絶対的貧困のアジア、イデオロギー分断下のアジアにあって、日本は孤絶した先進経済国、民主主義国だったのです。しかも、まったく丸腰の、憲法で軍事力を(公式には)放棄したという。

日本には戦後の歴史を通じてちょくちょくアメリカからの「自立」とか、「アメリカ離れ」を説く向きが現れますが、以上のように見てみると、およそ現実性のない議論だったと了解いただけるでしょう。

中国は対ドル・ハラスメントを家業にしたかのごとく

裏を返すと、アメリカからの圧力は、安保のコストとして常に一定程度受け入れることが必要であり、必然だったのです。

日本は事実として、輸出自主規制から機関投資家によるアメリカ債への大量投資まで、一方ではアメリカの圧力を受け入れ、他方では資金を還流するための金融に勤《いそ》しみました。

ところが世紀が改まると、アメリカに最大の融資をするのは、同盟相手という「おとなしい羊」ではなくなりました。いつでもアメリカと事を構えてやるという覚悟を日に日に見せている中国になったのです。

世界最大のアメリカ国債保有国である中国はこのところ、「対ドル・ハラスメント」を一種の家業にしたかのごとくです。

何かにつけては、「軍事費や社会保障費の削減によって借入依存体質を改めよ」と説教を垂れ、「ドルを国際的に監視する必要がある」とアメリカを脅す側に回っています。

アメリカ議会上院が為替問題で中国を制裁する法案を可決したことに対して、中国は二〇一一年一一月、「病気になったのは自分なのに他人に薬を飲ませるようなことをすべきでない」「重い石をわざわざ持ち上げて、自分の足の上に落としてけがをするようなものだ」と批判しました。

中国の主たる狙いは、経済的メリットにだけあるわけではないでしょう。それよりもむしろ、国際政治におけるプレゼンスを効果的に印象づけるためであるように見えます。

超大国アメリカに対して中国は遠慮せずにものを言える、「しっかりしろ」と叱咤《しった》することができる、といった外交上の存在感をアフリカやアジア諸国に見せつけて、それらの国々に「やはり中国に付いていかなければ」と思わせる。対ドル・ハラスメントはそうした戦略的パフォーマンスという意味合いがはるかに大きいと思います。

中国にしてみれば、舌先三寸で自分の国力を増していくためかっこうの材料が、この日・米・中の資金関係にあります。かたやアメリカとしても、このまま赤字が膨張していったとき、中国から「もうこれ以上は支えきれない」という絶縁状を突きつけられたらどうしようという悪夢が、ときどき頭をよぎらざるを得ないわけです。

ドル下落要因の一番目はドルの大量増発。二番目はアメリカ経済の構造的弱気。そして三番目は、ドルの支え手がかつてのドイツや日本のような同盟国ではなく、中国という思想信条から発展段階まで著しく異にする敵対的国家である、という大いなる皮肉です。

しかも、その国は単にアメリカと体制、思想、イデオロギーがまったく異なり、アメリカと協力して何かをしようなどとはさらさら考えないだけでなく、現にアメリカを睨んだ軍事力増強を続けている国です。この点は、今までと局面がまったく違うことに留意すべきです。

以上見てきたように、今回のドル価値の下落は、これまでとは大きく様相を異にしているのです。

4 ドルは弱い、だが退場はない

ただし二点、注釈を加えておく必要があります。

その第一は、ドルが弱くなったからといって、いわゆる基軸通貨の地位をすぐ失うかのように想像するのは誤っているということです。

「基軸通貨」というのは、実は日本人が日本語文脈に合わせてこしらえた日本だけで通じる造語(例外は韓国。日本流を輸入し、同じく「基軸通貨」と言う)で、これに相当する英語はありません。

もしこの言葉が意味する内容を、世界で商取引の決済、とりわけ経済にとって死活的な資源商品の決済に最もよく使われる通貨であると定義しますか。あるいは、その通貨で発行された証券を現金に換えようとするとき簡単、確実であるような、そういう通貨だと定義してもいいでしょう。そして、いま与えた二つの定義にいずれも当てはまり、そのため世界中で最も広く媒介通貨として使われているもの、と考えるなら、ドルはおいそれとその座を失うことなどないでしょう。

なによりも、ドルは弱いけれど、ユーロが同じくらい弱体なので、ドルに取って代わる通貨になれません。要するに、代えがない。

そしてドルには、よくできた決済のインフラがあります。

ニューヨーク主力銀行同士の決済網のことですが、石油でもなんでも、ドル建て国際取引の帳尻を、ここがすべて処理しています。

利便性、安全性とも図抜けて良く、仮にユーロが強い通貨だったとしても、取引決済の機能をニューヨークからフランクフルトに奪取するなど、並大抵のことではないでしょう。

ドルは確かに弱いし、この先さらに弱くなる恐れはある。けれどもだからといって基軸通貨としての座が何か別物に代わられることが、すぐ起きるとは考えられないわけです。

ただしこれは、金を通貨にしない「金廃貨」という現状での話です。

いまアメリカに起きている議論とは、ドルが弱くなり続け、アメリカ人の購買力が衰え続けることは放置できないとして、再び金を通貨に仕立て直そうとする議論であることは、今さら言うまでもありません。その動きをトレースすることこそ、本書が試みていることなのです。

もうひとつ、注釈をつけたいのは、日本がアメリカとの関係でドイツ以上に依存的たらざるを得なかったという点に関わってです。

先ほど名前を出した柏木雄介氏は、生前こんな証言を残しています。今は手に取って読む人の少ない本にある貴重な体験談ですから、そのまま引用しておくことにします。

実は日本でも一九六〇年代初めに金準備の増強を考え、現実に金を買っていたが、アメリカとの関係でできにくくなってしまった。私がワシントンの日本大使館に勤務していた六一年のことであったと記憶するが、あるときアメリカ財務省のパーティに出席したら、アメリカ財務省の日本担当官が「最近日本は金を買っているようだがそれは好ましいことではない」と言う。なぜかと聞いたら、「日本はＥＸＩＭ（米輸出入銀行）などのアメリカ政府機関や世銀などからカネを借りているが、そうした立場で金を買うのはアメリカのカネでアメリカの金を引き出すことと同じだ」と言った。東京に照会してみたら、「買っていないよ」という返事があって、その後金買いをぴたっとやめてしまった。六〇年代が進むにつれ、やがて金とドルの関係が問題になることは薄々わかってはいたが、カネを借りられなくなるのが怖いから金を買えなかった。（中略）若干とれる国内産金は金準備に入れ、産業用金については輸入政策をとったものの、貨幣用金の海外からの購入は自粛せざるをえなかったので、結局日本は先進国のなかでは金保有のきわめて少ない国になった。金プールができたときも、金保有にゆとりがないから参加できず、ブレトン・ウッズ体制末期の、金とドルをどうするかという最重要議題の討議にも実質的に参加できなかった。

（本田敬吉、秦忠夫編『柏木雄介の証言——戦後日本の国際金融史』有斐閣、一九九八年）

アメリカから借りてきたドルを売って、金を買い、ドルの地位を下げるなどもってのほかだと当のアメリカに一喝され、それ以来日本の財政・金融当局にとって金準備を増強するなどタブーとされてしまった事情を率直に語っています。

欧州主要国中央銀行が金相場安定（＝ドル相場安定）のため金を持ち寄る「金プール」を作った時も、日本にはお呼びがかからなかったことも分かります。

そのせいで、金とドルの関係がどうなるという討議の現場からも、縁遠いままだったと柏木氏の語っているのは、今日的文脈に照らしても重要です。

いまだに日本に残る、通貨としての金復活などあり得ないと決め込み関心すら払おうとしない発想は、このころ以来自分で自分に植えつけ、刷り込んできたものだといえるでしょう。縛りから、われわれは自由になる必要があります。

日独米の金準備推移(単位:トン)

	日本	ドイツ	米国
1915	103	876	2,569
1925	866	432	5,998
1940	n/a	n/a	19,543
1950	6	0	20,279
1952	14	124	20,663
1968	316	4,034	9,679
2011	765	3,396	8,134

ともあれ、米国という虎の尾を踏むまいと誓った我が国の戦後において、金準備の量はついに戦前最盛期(一九二五年の八六六トン)を上回ることなく、今日に至っています。

それに引き換え、ドイツは一九五〇年に一度金保有量をゼロまで落としながら、六八年には四〇三四トンまで増やしています(この時が戦後最高)。

上の表は、ワールド・ゴールド・カウンシルの資料をもとに作成したものです。戦後米国の一極屹立《きつりつ》ぶり、日独が辿った異なる経路を、これくらいよく示すデータもざらにはありません。

第四章　日本人は金が嫌い？

1 上がり続ける金価格

現在、金が高騰しています。これは短期的な現象ではありません。金価格の上昇と金本位制復活論議が、無関係だとも思えません。

この章では、金本位制論議がなぜ浮上してきたかを多面的に理解するため、金と人間との関わりをのぞいてみます。

金は二一世紀になってからずっと価格上昇が続いています。二〇一一年一一月まで一〇年間の金価格（一トロイオンス＝約三一グラム当たりドル値）が、二七二ドルから一九〇〇ドルへ、七倍ちかく高騰したことは序章で触れました。

よく金融の世界で、「金とドルは反対に動く」と言われます。

ドル安とはドルがばら撒かれた状態で、それは通貨の価値が物に対して低くなることだから、インフレを意味する。

インフレ・ヘッジに強いのは金だから、金を買うべしということになり、金価格が上がるのだと、そんな説明を聞くことが少なくありません。

しかし同じことを言うのでも、金こそがドルの鏡であると思っておくのはどうでしょう。

ドルとは世界のどこででも、何を買うのにも通用する真の意味での世界通貨ですが、これに匹敵する力と地位をもったことがあるか、いまだにもっている「通貨」というと、金しかありません。

だとすると、ドルの地位を図る尺度としては、円やユーロ、ポンドやスイス・フランを持ち出すよりも、金こそが最もふさわしいということになります。

そしてドルはいま、金との対比で見たときにその価値下落が最も目立つのです。

金鉱会社として世界最大手は、カナダのバリック・ゴールドという会社です。

ハンガリー、ブダペストに富裕なユダヤ人家庭の子として生まれ、一七歳になる年の一九四四年にカナダへ移住したピーター・ムンクという立志伝中の人物が創業者。

カナダはもとよりアメリカ各界有力者との関係も深く、ジョージ・H・W・ブッシュ元大統領（父）やその盟友で駐日大使を務めた共和党元下院院内総務のハワード・ベイカー氏らが、一時は同社の役員に名を連ねていました。

いまは名簿によるとロスチャイルド家の御曹司で英米各界に人脈をもつナサニエル・フィリップ・ロスチャイルドがボードメンバーになっています。

そんな会社、バリック・ゴールドの株価がどんな推移を辿《たど》ったかを見ると、金価格の上昇トレンドがまことによく分かります。

「9・11」同時多発テロのころ、ニューヨーク証券取引所上場バリック・ゴールドの株価は一時一四ドル台をつけたあと、ジグザグを繰り返しながらも二〇〇八年に入って一度最高値、五三ドル台を記録します。

リーマン危機の後、二〇ドルを割り込むまで下がりますが、その後はまた上昇基調に転じ、二〇一一年一〇月末現在、五〇ドルから五五ドルの歴史的最高値圏にあります。

結局、バリック・ゴールドの株を一〇年保有し続けた投資家がいたとしたら、あらゆる政治的・経済的混乱にもかかわらず、いや、それゆえにというべきか、株価が三倍以上に上昇するのを目の当たりにしたことでしょう。

ドルの発行過多、アメリカ経済の不調、そして中国

金価格の高騰は、前述したドル下落の三要因をそのまま裏返した理由によるものと言えます。

つまりまずはドルの発行過多という根本要因があります。

次いで、アメリカ経済の不調が長引き、構造化することへの懸念があり、さらには中国という現状不満勢力がアメリカの債権者となった状況がある。

それらを不安視し、ドルが下がり、金価格が上昇しているわけです。

現実世界の行き詰まりに対して、いわば神代の昔から試練を潜り、価値を定着させてきた金

に、安心材料を求めようとしているのだとも言い換えられます。

ところで金の価格は、いまではさまざまな要素で決まっています。

かつては、ロンドンはロスチャイルド銀行で、その名も黄金の間という部屋に集まる少数バンカーたちが値決めをしていた時期が長く続きました。

「サミュエル・モンタギュー」などというマーチャント・バンクの名前を聞いて、懐かしいと思う読者は五〇代以上、多少金融に縁のあった人に限られるでしょう。

こういう、家業として金融仲介をしていた少数の銀行から紳士たちが集まり、ロスチャイルドの司会で値を決めていた時代が確かにあったのだとしても、いまや跡形もありません。会議は電話に置き換わり、参加していた銀行も大手に吸収され、おしなべて名を消してしまいました。

いま金価格を決めているのはもっぱらニューヨークの先物市場です。ここでつく値が、現物の世界に大きな影響力をもっています。

投資の形態も、投資信託の手法が広く使われるようになり、様変わりしました。

けれども本当に、株式や一般の商品と同じ市場原理で動くマーケットになったかといえば、そこはさにあらず。

なんといっても、最大の保有者がアメリカ始め各国公的当局、中央銀行だという点が決定的な違いです。金とは時々株式について言われる言い方を用いますと、徹頭徹尾「政治銘柄」なのです。

それにしても金とは、そんなに価値のあるものなのでしょうか。

この問いに対してどう答えようとも、結局のところトートロジー（同義反復）になります。トートロジーになるというゆえんは、金が錆《さ》びないとか、分子構造が安定しているとか、科学めかした解説をしようがしまいが、とどのつまり、人類の大多数が貴重なものだと思っている、ゆえに価値があるのだ、という「大事だから大事」といった説明になってしまうからです。

ニクソンが金と現実通貨とのつながりを断ち切って四〇年、金はやはり死んでいません。死ななかった証拠には、ドルの下落に反比例するかのように金価格が上がっているのだと、このように、解釈はいつもトートロジーに陥るのです。

同義反復、「貴重だから貴重なのだ」「有難いから有難いのだ」式の説明でしか言い表せないものを、神話というのだと思います。だとすると、金は再び、その神話が綿々と生きていることをいま、日々立証しつつあるのだといえるでしょう。

2　中国人とインド人は二大金愛好国民

ところがここに面白いことに、日本はひとりこの神話から無縁だったと思えるフシがあります。

ゴールドと聞いてピンと来るその来方においてもしも日本人が鈍いのだとすると、そこにはそうなるだけの理由や歴史があるかもしれません。

たとえば天皇家や五摂家の財宝です。徳川、細川といった江戸時代の将軍、大名家の家宝も同様です。これ見よがしの金ぴか品は、あまり持ち合わせておいでにならない。

あえて隠しているのだとしたら、秘すれば花という、独特の美学があることを窺わせます。つまりどこかに、金を誇示することをはしたないと思っていた可能性がある。

書画や骨董はあっても、金の王冠とか装飾物、純金の寝台など、エジプト王朝の秘宝にありそうなゴールドのあれこれは、日本の場合、あまりやんごとない方々の財産目録に載っていません。

どうやら日本人は、一時期世界最大の産金国だった歴史、「黄金の国、ジパング」などと思われた時代があり、金の大判、小判を貨幣として使っていた時期が短くなかったにもかかわらず、金神話の熱烈な信者だったとは思えないのです。

大金持ちや権力者にしたところで、富の象徴である金で権勢を誇るより、わびだのさびだのと言っては、民草が用いるのと同じ茶碗に美を見出す心の働き方をしたらしい。

こういう傾向は、世界的には例外の部類に属します。

アジアだけ見ても、たとえばお隣韓国が王朝の秘宝として宣伝するものに、必ず金の王冠が含まれています。

そして今日、金を好むことにかけて一、二を争うのが、中国、そしてインドなのです。

両国はいま、金宝飾品需要の二大勢力です。

インドでは、金は魔よけの効果があるとされ、どんなに貧乏でも親は娘を嫁にやる時、金製品を持たせて送り出します。その意味するところは、つまり財産保全です。インド人は金を資産として宝飾品の形で保有します。

インド人女性の七五パーセントは、新しい金宝飾品のデザインに関心を払っているというデータまであるといいます。

近年の経済成長は金需要をますます加速させ、インドを世界最大の金宝飾品需要国へ押し上げました。ワールド・ゴールド・カウンシルが言うところによると、二〇一〇年だけで、インドでは七四六トン相当の金が宝飾品として売られたのだとか。

これに、四〇〇トンという数字で次ぐのが中国です。しかも年々需要を伸ばしています。

中国では長い間、民間主体はいっさい金取引ができませんでした。自由化が始まったのは二〇〇一年から。すぐ、上海という金融の街、それもかつて東洋における金融の中心地だった

「バンド」に居並ぶ大理石建築群の一角に、金取引所ができました。

しかし個人が手にしやすく市場整備が進んだのは、ようやく近年のことです。

今や香港へ旅行に行くミドルクラスの中国人が買って帰るお土産のナンバー・ワンは、金製品です。

最近では、毛沢東の純金製彫像まで登場しているというから皮肉なものです。

公式に流布しいまだに信じる人が多い毛沢東の伝記によると、彼には少なくとも革命家という自覚があったでしょう。革命中国は、射幸心を嫌ったからこそ、競馬場という競馬場を広場に変えてしまったはずでした。変われば変わるもの。ゴールドの「自動販売機」まで登場し、話題をさらったことをご記憶の方もいることでしょう。

紙幣を信用できないリアリストのインド人、中国人

ことほどさように政権は変わり、体制も変わります。紙幣はいつ、ただの紙切れになるともしれない頼りない存在でしかないのです。

どうやら中国の場合、鼓腹撃壌を決め込むための安全策として、ゴールドを選好してきた傾向があるようです。

いま述べた日本人の金に対する無関心、それから中国人の執着とが、劇的コントラストを示

したのが先の大戦が日本敗北で終わった瞬間です。

当時の満州をはじめ中国にいた日本人のうち、日本という国を信頼してせっせと国債を買っていた人の資産は一瞬にして紙切れと化しました。

ところがその日本人のもとで働いていた中国人は、少しずつ買い足していた金の首飾りや指輪のおかげで猛烈なインフレを軽傷で潜り抜けたといったエピソードは、そこここにあったはずです。

私に金と通貨への興味をもたせてくれた高橋靖夫という民間研究家（故人、遺著は『金本位制復活！——アメリカ復活のスーパーシナリオ』東洋経済新報社、二〇〇九年、「おわりに」参照）が、まさしくこれを原体験としていました。

この人の母は満州で髪結いとして成功していたのに、国債しか持っていなかったため一文無しになったのに対し、雇っていた中国人は、給金が出るたびに金を買い足していたから助かったのだと、高橋氏は度々そう言っていたものでした。

インド人も中国人も、紙切れの紙幣を資産だと言われても、「結局のところ信用できない」と考えるリアリストたちなのでしょう。

この考えは、歴史を通じて間違っていません。いや、あまり簡単に国家の信用を当てにしすぎる日本の方が、幸せな例外と言えます。

東独マルク紙幣

われわれが今通貨だとして使っている円にしろ、ドル、人民元にしろ、権力によって強制通用力を与えられて初めて通貨になったものです。背後にある権力への信用が、通貨の信用なのです。権力なきところ、通貨なし、です。

個人的経験を紹介すると、東ドイツ・マルクがベルリンの壁崩壊から八か月経ち消滅する二週間前の一九九〇年六月、東ベルリンから乗ったタクシーを下りるとき、使い残した東ドイツの紙幣を丸ごと運転手に渡したことがありました。

どのみち日本へ持ち帰っても、円には交換できませんでした。そのとき料金の三倍分ぐらいの紙幣を手にした運転手は「ありがとう」と言いましたが、すぐ続けて「あと二週間で紙切れだけどね」と付け加えたのです。

すでに何度か活字にしてきたエピソードではありますが、この瞬間くらい、通貨のフィクション性を感じたことはありません。

超歴史的、超国家的通貨として

確かに、ただの紙切れにインクで絵や文字を印刷したに過ぎないものを紙幣だ、通貨だとして通用させているものは、権力であり、あるいは権力への信仰です。

それが大本からなくなれば、紙幣はその本来の存在、つまり色のついたただの紙切れに堕してしまうのだということを、あのころ東ドイツにあった唯一の量産車「トラバント」を駆って私を空港へ送り届けた運転手は、教えてくれたわけです。

かつまた、金を通貨とみなさなくなって以来、すべてのお金はペーパー・マネーとなり、銀行間を飛び交う姿たるや、電子的記号の羅列にすぎません。その記号の羅列を通貨だと信じ込ませているのは権力だということを忘れてはならないでしょう。

ところがここに唯一、人類の歴史と同じくらい長く通用している超歴史的、超国家的通貨があるのであって、それこそが金にほかならないわけです。

その意味で金が大好きな民族・国民とはつまり、今ある権力の永続性を信じないことを習性として身に付けた人々と言えるかもしれません。だからこそ、とにかく金ぴかの装飾品をちょっとずつでもいいから蓄えて、自ら資産を保全しようとするのです。

外敵から国土を侵略された経験に乏しい日本人には、資産保全という発想が国にも個人にも低いのかもしれません。それだけ安穏たる状態を享受し、危機感も薄い。となると、「幸せな国は金に無頓着。不幸な国ほど金が好き」だったのだと言えるかもしれません。

そこからまた臆断を引き延ばすと、不幸だった期間の長い国が急成長しようとする間、金需要はおいそれと減らない、つまり中国はこの先安定するにしろしないにしろ、いやむしろ不安定の度を増せば増すほど、金への需要を伸ばし続けていくだろうと言っておいてよさそうです。

このことは、もちろん金需要の下支え要因になると考えられます。そこで、金のマーケットとはどのようなものか、一瞥しておくことにします。

3　金市場の参加者は限られている

金市場のアクター（登場人物）は、三種類しか存在しません。

最大のアクターは中央銀行です。なんといっても市中に出回っているものより、中央銀行が持っている金の方が量にして多いからです。だから中央銀行が金を「売った、買った」となると、金価格に敏感に跳ね返ってきます。

次のアクターは製造業です。たとえば触媒などに金を必要とします。経済産業活動が盛んになれば、金の需要が増えます。

最後に、最近無視できなくなっているのが、いま述べたインド人と中国人であり、その購買行動です。世界一の金需要国であるインドは、世界全体の宝飾品需要の四分の一を消費しています。これはもっぱら装飾用と蓄財用です。両国は金価格の動きに大きな影響力を持っています。

少しずつですが、中国は外貨準備における金の割合を増やしています。主要国の中央銀行が、つい最近まで、利息を生まないからとみな金を手放したがってきたなかで、蓋を開けてみると中国だけが、着実にその量を増やしていました。

なぜそんなことをという疑問は少し後で触れるとして、その前にひとつ、ぬぐえない疑問を差し挟んでおきます。

それは、外貨準備に占める金がいくらあるかという数字が、自己申告に基づくものであって、第三者による監査を経ないことと関係します。

中国が外貨準備に占める金の量を増やしているとわかった二〇〇九年春、金融メディアは北京の発表を、驚きをもって迎えました。中国が金買いに出動したといった類の噂話は、それ以前あまり聞くことがなかったからです。

そこから想像をめぐらせるに、純増させたという中国外貨準備の金は、もっぱら国内産金を充てたものではないかと思われます。

してみると、それは世界が採用する基準で測ったとき純金として認定されるに足る質のものなのか、確かめるすべがありません。

また、いくら増やしたと主張するその量についても、内外取引から足取りを調査し推測する道が阻まれている場合、「言い値」を信じるしかなく、不確かさが残ります。

さらに言うと、金の保管をどこでやっているのか。あまり知られていないことかもしれませんが、我が国の場合、日銀勘定に含まれる金は、その実物を日銀自身、本店の金庫に入れて持っているわけではありません。

アメリカの、ニューヨーク連邦準備銀行（中央銀行システムを構成する地域拠点のひとつで、金融政策を一手に引き受けている）にある大きな地下金庫へ預けっぱなしにしています。

○一年来、金を倍増している中国人民銀行

戦後ブレトン・ウッズ体制下、ドル・金の交換は米国と、外国公的当局同士に限られました。もしもどこかの政府がドルを金に換えてくれと迫った場合、アメリカは応じざるを得なかったのですが、そのときは同じ金庫にある金のイヤマーキング（名義づけ）を変えるだけで、重い金を物理的に移動させずとも済んだわけです（「現送」させた例外もある）。

簡便のためではありましたが、もちろん、ドルを金にしろと迫る非友好的な国がいざアメリカの敵となった場合、直ちにその国の金を差押えできるように、いわば人質に取っておく意味

合いもありました。

この方法による限り、仮に日本が主張する金保有量が大幅水増しとなっていた場合、アメリカという第三者に真偽を見抜くことが可能になります。

中国には、そうした間接証明の方法も使えません。会計制度への忠誠など依然として未発達と言わざるを得ない北京が自称する金保有量とその純度を、私はひとまず疑ってかかっておきたいと思うものです。

ただし中国が今では世界最大の産金国となった事実は、疑いを容れないもののようです。甘粛《かんしゅく》省蘭州市、陝西《せんせい》省西安市、四川省成都市を結ぶいわゆる「黄金三角形」の中心からやや西寄りの辺り、文県一帯に、中国最大にして、アジア最大の金山があるとされています。なんでも、近々二〇〇四年になって、中国人民解放軍の金採鉱専門部隊（などというものがあるのか）が発見したものとか。

さらには紫金鉱業、招金鉱業、霊宝黄金などという目出度《めでた》い名をもつ金採鉱企業がめきめき成長を遂げ、カナダやオーストラリアで金鉱に投資するなどグローバル・プレイヤーになってきてもいます。

北京はそれにしてもどうして、金準備を増やすという常識外れの政策を採用したのでしょうか。よもや、アメリカで金本位復活論が勢いを増すことを予測してのことだったなどということがあり得たのでしょうか。

中国人民銀行が外貨準備としてもつ金の量を二〇〇一年以来、ほぼ倍増させたことが分かったのは、同行副行長でもある胡暁煉・国家外貨管理局局長の記者インタビューによってでした。二〇〇九年四月末、記者の（必ずや事前調整済みの）質問に答えるかたちで彼女が述べたところによると、二〇〇一年当時の金保有量は約五〇〇トン。それが、この時点で一〇五四トンとなり、アメリカ、ドイツ、フランス、イタリアに次ぐ第五位に躍進していたというわけでした。

実は北京には、外貨準備の一五パーセントを金でもとうとする意図がかなり前からありました。これは私が福田晴子さんから聞いた話です。

フクダ・ハルコと片仮名表記にすべきでしょう。イギリス金融界で名を成した人だからです。二〇〇二年前後、彼女はロンドンに本拠をもつワールド・ゴールド・カウンシルの代表を務め、その役職で北京に行き仕入れてきた情報でした。

欧州単一通貨発足の折、ヨーロッパ各国の合意として欧州中央銀行で外貨準備に金が占める比率を一五パーセントにする方針が決まりました。北京はこれにならおうとしているのだと、フクダ氏はそう説明しました。

それ以来、北京の動向は外部から窺うことができませんでしたが、実は方針を着実に履行していたことが明らかとなったわけです。

　恐らくは彼ら自身、金への信奉者だというところに理由を求めるべきでしょう。人民元を立派な国際通貨にしようとするなら、何かしっかりした支えが必要で、それは金であると考える気質の持ち主ならばこそ、金への興味を絶やさないのだと考えられます。

　同じ発想を、華僑・華人たちが共有しているでしょう。いずれ、国際通貨となった人民元を世界で利用するのは、それら華僑・華人たちです。彼らに信用してもらうにも、金が一定程度必要だと考えているかもしれません。

　それでは中国は、人民元の世界拡大戦略をもっているのか。この点は後の章で触れることになると思います。

4　ドイツは金をふんだんにもつ

　いま中国が増やしたことを強調しました。

　けれども中国の外貨準備に占める金の比率となると、まだたかだか二パーセントに行くか行かないかといったところです。北京が注目を引くのは、あくまでその変化率において。絶対量や外貨準備への比率で言うと横綱はほかにいます。

ざっと言ってアメリカが図抜けた存在で、それに大陸欧州、なかでもベネルクス地方の国々の金選好が目立ちます。これらの国々は、金の神話を決して捨て去ってこなかったと言っていいでしょう。

現存保有量がそこを雄弁に物語っています。

それはともかく、二〇一〇年現在で、すでに採掘済みで世界に存在する金の総量は、約一六万五六〇〇トンと推定されています。よく使われるたとえで言えば、五輪競技用プール三つ分です。ワシントンD.C.にある「ワシントン・モニュメント」を金で建てたら、半分も建たない、などとも言われます。

この限られた金を最も多く保有しているのは、なんといっても各国の中央銀行です。なかんずくアメリカの金保有量は、二〇一一年一二月現在、八一三三・五トン。外貨準備に占める比率も極めて高く、七五・五パーセントに達します。

量はともかく、比率は驚くに値しません。外貨準備とは文字どおり、国家として準備する外貨のことで、支払準備のため積んでおくものです。

アメリカに限って言えば、輪転機を回してドル紙幣を刷れば、それが世界で通用する支払い手段になるわけですから、外貨準備を他国の通貨でもつ必要が、本来はありません。もつなら誰の負債でもない「金」ということになるのは、当然の話です。

量で第二位は、三四〇一トンのドイツです。外貨準備に占める比率は七二・六パーセント。

ここにもドイツならではの国民的覚悟を読み取るべきです。ドイツという国は、第一次大戦後紙幣が文字どおり一山いくらの紙切れに堕したハイパーインフレを国民的トラウマとして抱える国で、ペーパー・マネーを心の底では信じていないのでしょう。

それが、外貨準備に占める金の高い比率となって表れているのだと思います。逆に言いますと、アメリカを金融面で支える度合は日本ほど高くなかったことを示してもいます。

第三位から六位までが千トン超の金をもつ大関クラスで、ご覧の表のような順になっています。

表に窺えるとおり、イギリスは金保有量において少ない部類に属します。かつて、ポンドが基軸通貨だったとき、金本位制の維持に汲々とせざるを得なかった歴史があり、その時以来金への不信を育ててしまいました。

あるいは戦後イギリス外交が全体として証明しているように、アメリカの平和、すなわちパックス・アメリカーナを支えることで自国国益を守ろうとした国ですから、アメリカ並びにアメリカと結びついたイギリスの将来に大きく振り込んで、金に分散投資する必要をあまり感じなかったと言えるのかもしれません。

「ワシントン・アグリーメント」とは

そのイギリスでも、外貨準備に金が占める比率は一七パーセントと、決して低くありません。我が国にとっても、外貨準備に対する金比率をせめて一五パーセントまで上昇させることは、世の大勢に従うことに過ぎず、奇矯な策とはならないことが読み取れます。

財務省の専門家たちはすぐさま「できない」「無理だ」と言い、為替介入資金の調達を、市中で売りさばく短期証券に頼っていることを理由に挙げますが、たとえば円売りドル買いをし、買ったドルでアメリカの手持ち金を譲受するなどの手は打てないものでしょうか。為替市場に対しては円高防止策となり、同時に外貨準備を多少なりとも筋肉質にすることができます。

なお表はワールド・ゴールド・カウンシルのサイトから取りました。それ自体の出所は、主としてIMFの月次統計ですが、自己申告に基づくものであることは先に中国について述べたとおりです。

順位	国名	トン	%
1	アメリカ	8133.5	75.5
2	ドイツ	3401.0	72.6
3	イタリア	2451.8	72.2
4	フランス	2435.4	71.0
5	中国	1054.1	1.7
6	スイス	1040.1	14.3
7	ロシア	851.5	8.6
8	日本	765.2	3.3
9	オランダ	612.5	61.0
10	インド	557.7	9.0
⋮			
16	イギリス	310.3	17.0

出所：World Gold Council, 2011年12月現在

それにしても、世界中の国々が公的準備として保有する金の総量は、合計三万七四四・三トン。うち、欧州単一通貨ユーロを採用した国々の保有高だけで一万七八八・〇トンを数え、全体の三分の二に及びます。

アメリカは言うに及ばず、欧州諸国は金の神話から脱却したことなど一度としてないことを読み取るべきでしょう。

というと専門家筋から反論が来るかもしれません。一九九〇年代、中央銀行の資産運用にも民主主義的世論のチェックが厳しく入るようになるにつれ、各国中央銀行は利息を生まず、運用収益を稼がない金という資産の扱いに困惑した時期が確かにあります。

金とはなるほど利息を生まないばかりか、保管コストがかかりますから平時の状態としてはマイナス金利のかかる投資対象です。

あたかも、金価格がめぼしい上昇を示していなかったときでもあり、単年度収益をやかましく言う向きからすると、売り払ってしまうに越したことはないものでした。

それでもすっかり売ってしまうとかえってキャピタルロス（売却損）を招く恐れもあり、中央銀行はあの手この手、たとえばリースに出すなど、金の収益財化を試みます。

この逡巡は、一九九九年九月、折柄ワシントンD.C.に世銀・IMF総会参加のため集まっていた欧州主要国中央銀行間の取り決めという形で一応の決着をみます。

「ワシントン・アグリーメント（合意）」と呼ばれるものがそれで、売却は合計最大二〇〇〇トン、年間四〇〇トンに制限し、金の貸し出しは現状以上に増やさないと約束しあった紳士協定です（罰則がない、という意味）。

いまは二〇〇九年九月に発効した第三次協定の通用期間中で、名称は中央銀行金合意の頭文字をとり、CBGAⅢなどと呼ばれます。

署名国は欧州中央銀行に加え、オーストリア、ベルギー、キプロス、エストニア、フィンランド、フランス、ドイツ、ギリシャ、アイルランド、イタリア、ルクセンブルグ、マルタ、オランダ、ポルトガル、スロバキア、スロバニア、スペイン、スウェーデン、スイス、エストニアの各国、基本的にユーロ採用国プラスアルファの中央銀行になっています。

当事者たちは表向き否定していますが、これこそ価格支持のカルテルでなくてなんでしょう。このような合意が公然、通用しているという点にも、金という商品の特殊性、政治性、そして神話性が滲み出ているわけです。

金をコモディティー扱いするのは日本人くらい!?

我が国金融メディアの世界では、右の事実になぜか十分な関心が払われたことがありません。ゴールドを、どこかで並の市況商品と扱いたがる傾向が根強く窺われます。

早い話、日本経済新聞が金について何か載せるというと、めったなことでは「商品欄」のページから外へ出ようとしません。金をまるで銅、ニッケルはおろか、大豆や小麦、大根と同類のコモディティー扱いしているかの如くです。

金を一コモディティーとみなしたがる傾向が一九九〇年代の一時期確かにあったのだとしても、「ワシントン合意」このかた、そんな考えは否定されてきたことをわれわれ、とくと理解しておく必要があると思います。

でないと、金を有難がらない日本人の性向が頭をもたげ、アメリカで進む金復位論議にも関心が払えず仕舞いになる恐れがあるわけです。

ちなみに、ワシントン合意の背後でさかんなロビイングをしたのがワールド・ゴールド・カウンシルでした。

これに先立つダボス会議では、恐らく金ロビーからの要求を容れてのことでしょう、金をめぐる分科会が開かれたのを覚えています。

ダボス会議とは周知のとおり、ドイツ系スイス人クラウス・シュワブ氏が、自ら率いる世界経済フォーラムという団体を主催者とし例年一月末から二月にかけ、スイスのアルペン・リゾート地ダボスで開く会議です。

豪雪地帯ですから、会場から会場へ、とくに夜のディナーセッションなどに出ようと歩いていると、しばしば転びます。

年収ウン十億円というアメリカ大企業の経営者から、名だたる政治家、新興国の政商、有力者たちがそうやって転んだり汗をかいたりしながら、二、三日ともに過ごしているうち、かく汗や吐く息とともに昇華され結晶するある雰囲気があり、それがその年、国際世論の基調を形成します。

近年になるほどメディアの注目度が高まり、アジェンダ・セッター（話題設定者）としての実力を増しました。

そんなダボスで金のセッションが開かれ、オフレコ前提の会議室にバリック・ゴールドのピーター・ムンクが現れたのです。最早時効でしょうから記憶をもとに再録しておくと、

「中央銀行は、金の保有者として最大手だ。その最大手保有者が、金を売り、自ら首を絞めたがっている。理解に苦しむ」

とそう言ったのを、彼の少しがらっぱち風な声音とともに覚えています。そのとき初めてムンクなる男の存在を知った私は、会議ののち彼に近づき、名刺をもらおうとしました。「俺は持っていない」と言ったのだったか、「持たない主義だ」と言ったのだったか、記憶は曖昧《あいまい》ですが、なるほど十分すぎるほど顔の知られた人物に、名刺は不要なのかと思ったものでした。

その後、ワシントン合意が結ばれたのです。してみると私は神話の司祭たちの会議を瞥見したことになるのですが、やんぬるかな、日本銀行や大蔵省（当時）の関係者は、誰一人出席していませんでした。

第五章 ドル VS. 中国

1　ドルの代わりはあるのか

「ある」などとは簡単に言えないというのが私の立場です。

つまり私たちは、基礎力が弱くなっていく一方のドルをはらはらしながら、どこまで価値を失うのか案じつつ使いながら、それでも代替物がないからドルを使い続けるほかない状況にあります。

初めに言っておくと、このことはアメリカにとって、何かアメリカ経済を安定させ、財政状態を改善する信頼に足る策がとられた場合、ドルの役割は小さくなるどころかむしろ強めることができる可能性が残っているということを意味します。

要は、アメリカが何をするか、しないかが、この先ドルがどうなるかを決めるわけです。

この章では、初めになぜドルが弱くなりながらも世界の中心通貨であり続けるかを述べ、次に、ドルを玉座から引きずりおろそうとする中国の試みを見ておくことにします。

それについては、SDRなるものの改革がいろいろ論じられているので、問題は何かをさらっておきます。いずれも、邦字メディアになかなか入ってこない話です。

同じく中国のドル離れ工作として、人民元決済の可能性をしきりに追求しているところを見ておきます。

そこでは話がにわかに地政学的色彩を帯びることを、異とする読者がいるでしょう。中国は実のところ、人民元決済網の構築を「それ自体を目的として」追求してはいません。

裏側に、地政学的な影響力の浸透という問題意識を必ずと言っていいほどかませています。見ておくに値する変化です。

いったい、ドルが弱くなるとは、日本にとって何を意味するのでしょうか。

中国にならうわけではありませんが、そこには必ず経済外的な、地政学的な意味合いが現れてきます。

ドルの購買力が著しく弱体化した体制において、アメリカはアジア・太平洋に十分な軍事力を展開できるとは思えません。その一事をもってしても、日本は影響の外になどいられないことが分かるわけです。

日本はアメリカが提供する海の安全と、核の傘に守られて発展してきた国です。そこに、膨大な既得権をもっています。

この体制から、別の何かへの移行とは、いま日本が置かれた地政学的環境からすると、北京が主導する枠組みに、受動的な、受け身の存在として入り込んでいくしかないことを意味します。なぜそう言えるのか、それは良いことなのか（良いはずがないと思うけれど結論を急がずに）、考えておくつもりです。

思うに、アメリカでいま金復位を唱える人たちにある問題意識も、似たようなものでしょう。アメリカが世界に築いた指導力を失いたくはない。しかしいまのままではドルは弱くなり続け、どこかで破断面が現れそうな予感がする。

そんな衝動に駆られ、ある段階で軽業みたいな跳躍をするつもりなのです。

それは畏友、故高橋靖夫が飽かずに説いていたところでしたが、陰の極へ達したときにだけ切れる切り札みたいな政策です。

ドルを国際通貨としての地位からあえて下ろし、金に代えてしまうという彼らの主張は、アメリカを弱くするためのものではありません。むしろ最も強い国として鍛え直すため唱えられているものだとみるべきです。

2　なぜドルの代わりはないのか

なぜドルに代わり得るものがないのでしょう。

それは、金という普遍的価値が何か本源的にあるかのように人々が信じるものと違って、それ以外のあらゆる通貨は、中央銀行というネーションステートの制度が管理しているという点と深く関わってきます。

中央銀行は、国債を買う（平時は流通市場からに限られます）ことで、その国の政府と密接な関係をもちます。国債を買えば、バランスシートの逆側で起きるのが通貨の発行ですから、国民経済の運営に、政府と中央銀行とはまるで合わせ鏡のような関係で関わることになります。このようにプロセスを弁《わきま》えれば、直ちにお分かりいただけるでしょう。どの局面、局面にも、政治判断が必要になってきます。

どれだけの国債を出さなくてはならないか。それは財政という、民主主義の国なら国民の代表として選ばれた政治家たちが行政府を運営する中で判断し、議会のチェックを受けて決定する行為です。

次にそうして出回った国債を、いつ、どれだけ、どんな種類のものを、買うか買わないか。そこに中央銀行の判断が入ってきますが、決めるのは人間です。

その人間を任命し、承認するプロセスに、政治が関与し、かくして民主主義による間接的な統治が中央銀行に対してもまっとうするしかけになっています。

中国の場合はこのようなチェック・アンド・バランスはもとより存立の余地なく、中国共産党一気通貫体制でいっそのこと非常にすっきりしています。

ともかくこの過程の中で、もしも、それぞれの判断を下す人、組織が誰なのか定かでない状態になると、国債それ自体の信用が危うくなります。出した国債のうちどれが確かに償還されるもので、どれがそうでない、危ないものかはっきりしないという状態になることこそが、最も避けるべきことです。

実は欧州単一通貨ユーロは、この点で決定的な失敗を犯してしまいました。

同じユーロの国債とはいっても、出す国が違えば返済能力、信用リスクが違うのが当たり前なのに、いつしかそこが見分けのつかない状態になってしまっていた。

フランクフルトにあってフランス人やイタリア人がヘッドを務める欧州中央銀行は、どの特定一国のためにも金融政策は行えず、欧州という広いくくり全体の安定という抽象的で雲をつかむような何かのために実施せざるを得ない立場です。

そして何かの問題が発生したとき——破産寸前の国が現れたら誰がどうやって救済するかといった——、最後に責任をとる政治主体が誰で、そのとき中央銀行はどんな協力関係に入るのかといった基本的、原則的なことが、てんで確立していませんでした。

それが、二〇一一年いっぱい世界の金融市場を動揺させたユーロ危機の本質です。

指揮命令の系統が上から下へ延びているとすると、情報の集約と一元化の流れが同じ系統を下から上へ走り、その要所、要所に民主主義的手続きで選ばれるか、任命されるかした意思決定権者がいるという、そういう仕組みでないと、通貨体制の運営などできないということを、ユーロはその大失敗によって自ら証明した形です。

こんな状態になったヨーロッパには、道はふたつしかありません。

ひとつは、統一通貨の試みを破棄し、元のように国民国家がそれぞれ自分の判断で通貨を出し金融政策も実施する枠組みに戻ることです。

ユーロの代わりに、ドイツ・マルクやフランス・フラン、イタリア・リラを導入し直すことで、これをやれば少なくとも壮大な無責任体制になってしまったいまのユーロより、政治的責任の所在が見えやすいシステムになります。

また、景気が悪い国の通貨は安く、いい国の通貨は高く評価され、景気調整にも効果が上がるかもしれません。

そこまでバラバラにならなくても、地中海沿岸諸国が耐え切れずにユーロから離脱、昔の通貨で再登場するかたわら、北方欧州はドイツが筋肉質の発行体となってユーロを維持する、というように、二極分化する可能性もあります。

いずれにせよユーロ崩壊の道ですが、その反対に、もうひとつの道として、一層の政治統合を進める路線があり得ます。

ユーロの失敗を踏まえ、権限を明確化し責任の体系をすっきりとさせるには、独仏始め欧州諸国が自分の権限をいっそう放棄して上に挙げ、上部機構に力を移譲（揚棄《ようき》？）させなければなりません。こちらへ動いていく蓋然性の方が高いでしょう、ユーロの崩壊よりは。現に事態の推移はそうなりつつあります。

ただし人間、そこまで自我をよそ様を巻き込んで拡張、一体化できるものでしょうか。各国の議会は東京で言うと区議会みたいなものになり、国軍などは警察に毛がはえた程度のものに縮小し、国旗国歌の類はサッカーの試合で興奮するためだけのものにするという路線自体、行き詰まったからこそ起きたのが今回の危機だったわけです。

その難関を、一層の統合化で乗り切れると考えるのは、それ自体ひとつの賭けです。振り込むわけにはいかないと本能的に臭ぎ取った英国が、早々に枠外へ脱け出たことは周知のとおりです。

3　SDRならいいのか

結局、通貨だけをひとつにしても、その背後にある運営主体がバラバラではもたない。さりとて、政治や統治を一体にしていくことはどこかで必ず限界に達してしまう。

それは通貨の本質に、再びかかわってきます。

紙切れに価値を与えておカネだということにしているいまの「ペーパー・マネー」のことを、

専門的にはフィアット・カレンシーといいます。

イタリアにある自動車大手フィアット社はFabbrica Italiana Automobili Torino(トリノのイタリア自動車工場)のイニシアルを並べただけですから、これとは関係ありません。綴りは同じでもこちらのfiatは、権力による命令のこと。これに通貨を意味するカレンシーが続くと、法定不換紙幣という意味になります。

現存する通貨はいまやすべてがこのフィアット・カレンシーであり、私の言う「権力があって初めて通貨になる」類の通貨なわけです。

肝心要、その権力がどこの誰と正確に特定できず、最終責任者がはっきりしないような通貨は、通貨たり得ません。実はユーロの失敗とは、つまるところそこに帰着するのです。

そしてユーロを失敗に導いた要素は、SDRについてもっとはっきり指摘できます。

IMF特別引出権(スペシャル・ドローイング・ライツ)という名の、これはなんといったらいいのか、一種の通貨があります。

口ごもるわけは、これを財布に入れるか預金口座に貯めるかして、石油を買った、家電製品を買ったという話は、ただの一例も出ていないからです。

そもそもは一九六〇年代末、ベトナム戦争などを理由にアメリカの経常収支赤字が膨らみ、ということはアメリカが対外的にもつ買掛金が膨らんで、その清算を金で迫られる場合支払いきれないことになる懸念を解決するため、みんな（国際社会）で「金のつもり」にするためこしらえた帳簿上のおカネです。

ですから当初は「ペーパー・ゴールド」などと言われました。ゴールドとの違いはというと、実のところSDRは発行紙幣すらない単なる帳簿上の数字に過ぎませんから、その創出はペン一本（パソコン一台？）あれば済むというところです。

そうして一九六七年から七〇年にかけてつくられたSDRは、IMFへの出資金との見合いで加盟各国に割り振られました。ちなみに、我が国の場合、二〇一一年一〇月末現在二〇三億八千万ドルのSDRを保有しています。為替相場で円建て換算すると、一兆五四三六億円程度。最初は「金のつもり」で、金との関係で決まっていたSDRの価値は、後、一九七四年にその関係を断たれ、主要通貨の加重平均（バスケット）で決まるようになりました。今現在、バスケットを構成しているのはドル、ユーロ、円、ポンドです。ここに中国は、まだ国際資本取引を自由化してもいないのに、人民元を押し込もうとしています。

ともあれ、SDRが通貨として通用するのは、各国とIMFとのやり取りの中でのみ。国が支払い手段としてもつ外貨準備として、対IMFとの関係で使えるように、IMFから割り当てられるものです。

いまSDRに関して言われている改善策の議論はまとめてあとのセクションで見ることにし

ますが、もうお分かりでしょう、ユーロと比べてさえ比較にならないくらい、いわば地に足のつきようがない「通貨」です。

これにしたってフィアット・カレンシーであるにはあるわけですが、肝心の、権力が、IMFにはありません。これのマネジメントを円滑に図ろうとすると、理屈のしからしめるところ世界政府をつくり、しかもそこに法執行権力を含めた暴力をもたせなくてはならなくなります。

空恐ろしい話で、そんな夢物語は実現させない方が幸せでしょう。強大な世界政府ができないのだとすると、現状ではアメリカ、欧州、日本とイギリスがクラブをつくり、世界の利益という抽象的すぎて無意味な目的のため利害の調整に努めなくてはならなくなります。

それだけでも難題なのに、じきここに、中国の人民元、ブラジルのレアルの加わる可能性が高くなっています。なんでもよい、何か争点が出てきたとき、国々のこんな組み合わせが機能するとは到底思えないわけです。

無国籍の通貨をドルに代わる真の国際通貨にしようというのは、エスペラント語を世界の共通語にしようとするようなもの。

それに、今度のユーロ危機ではっきりしたように、資金繰りに困った国や大きな銀行が現れたとき、身銭を切って支援するのは結局のところ大きな国ということになります。

欧州では、ギリシャやイタリア、スペインやポルトガル、そしてアイルランドが落伍するなか、ドイツの一挙手一投足がいやでも関心を集めました。

その結果、ドイツの政治力は顕著に高まり、同じひとつの通貨を使いながら、立派な序列が域内にできてしまいました。いやむしろ、別々の通貨を用いていたころに比べ、無視するわけに全くいかなくなっただけに、ドイツの力はかつてないまでに高まったということができるでしょう。「これからヨーロッパはドイツ語圏になるのじゃないか」とか、「ドイツは（ヒトラーの帝国に続く）第四帝国になりつつあるのじゃないか」とか、口さがない向きは早速言い始めました。

4　ドルにはある、ネットワーク効果

いまこうして述べていることは、「されどドル」の話です。

ドルに代わるものなど、そう簡単には出てこないということです。

しかし、ドルの弱体化をとらえてボディーブローを打ち続けている国があり、それは一に中国、二にフランスだという話を次にしますが、私の見立てをいま言っておくと、ドルは中心通貨としての地位をそう簡単に失わないでしょう。

そのことと、ドルに信用を取り戻さなくてはならない必要とは、別箇の問題です。

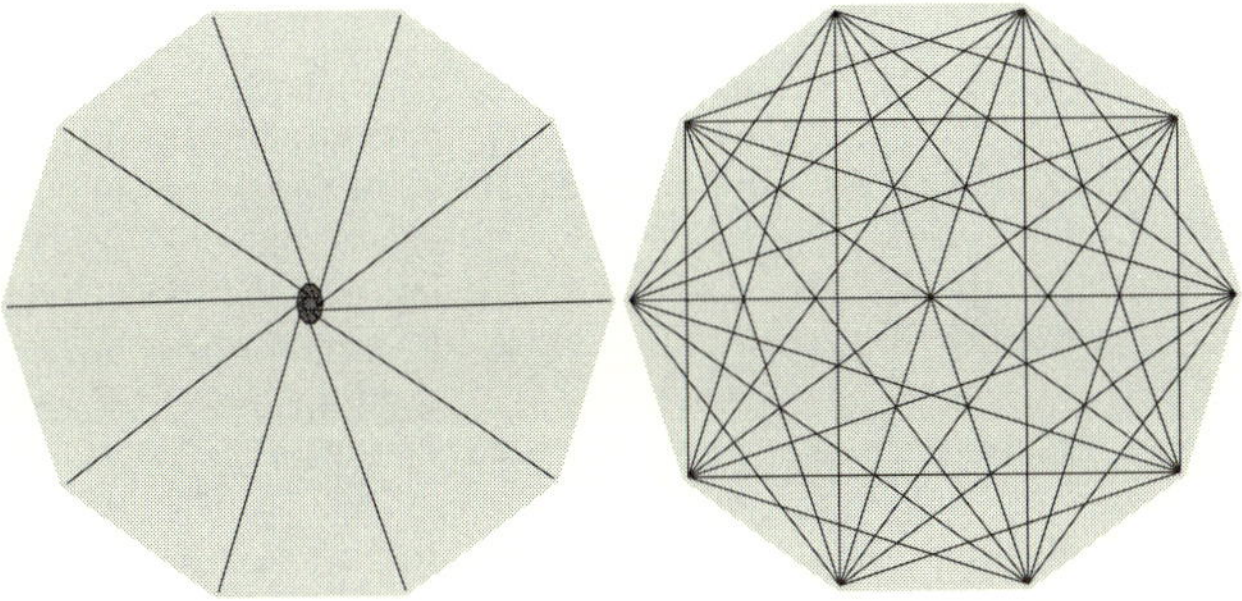

後者は後者として残り続けるのであり、そのための秘策として論じられ始めたのが、金とドルの再接合だと本書は全体を通して主張しているのです。

なぜ、ドルが中心通貨としての地位をやすやすとは失わないかに関し、ユーロもだめ、SDRも使えないと記してきましたが、もうひとつ、三つ目の理由とは、中心通貨だけがもつネットワーク効果とかかわります。

これをふたつに分けて説明してみます。

ひとつ目は、為替レートの計算は、ひとつの中心通貨があると簡単にできるようになるということです。これは、図を使えば一目瞭然でしょう。

図の右は、中心通貨がない場合です。

一〇か国の間で、各々相対で交換レートを決めなくてはならない場合、四五通りもの計算が必要になります。

これが一〇〇か国となると、実に四九五〇通り。

ところが真ん中に中心通貨があって、誰もがその関係でだけ相場を計算し、第三通貨との関係はいったん中心通貨を経て掛け算を二度やって決めることにしておくと、実務上の問題が一挙に単純になります。

これは、ドルがもつネットワーク単純化効果で、このような効果をもつ通貨はいくつもあっては理屈に合わないことから、どうしてもひとつにまとまってきます。

ドルはその選択を経て中心通貨であり続けている。それが、ひとつの現象です。

ただし普通にネットワーク効果という場合、「あの人も使っているから、私も」という具合に参加者が増え、そのネットワークが雪だるま状に膨らむ力をもつことを言います。

これはよく、「ディファクト・スタンダード」が生まれるプロセスの説明に登場します。ビデオテープやDVDなどの規格は、いくつかある中から淘汰を経てひとつになりました。最終的に「スタンダード」となった規格は、技術的には最も優れているものでないかもしれません。しかし、「あの人も、この人も」使っているから「私も」使おうという法則が働いて、選ばれた規格です。

これが「事実上の」、すなわちディファクトの規格になる、という話ですが、ドルにもこれと同じ法則が働いた、そしてドルは中心通貨になったし、いまも日々承認されている、と言えるわけです。

しかもひとたびディファクト・スタンダードとなったものをひっくり返し、奪取するのは容易なことではありません。

なぜなら既存規格に合わせて仕掛けができ、制度が確立し、習慣が定着しています。その、いわゆる沈めてしまったコスト、サンク・コストたるや厖大で、おいそれとは別の何かに乗り換えられないからです。

ニューヨークの主力銀行同士、残高の差し引き決済で実行しているドル建て取引の決済サービスこそは、以上のネットワーク効果を目に見えて体現しています。

ここまで定着したものは、そう簡単に他の何かに奪われることはありません。利便性を損なうからです。

よく、基軸通貨にはイナーシャ（慣性）が働くというのは、以上のような事情を指すもので、それは確かに強固なものがあるわけです。

5　中国が続ける対ドル・ハラスメント

二〇〇八年九月は、二〇〇一年九月より世界史的に重要な意味をもったという説があります。

二〇〇一年の「九・一一」で、アメリカはイスラム過激派を敵に回した対テロ戦に突入しました。勝利の見えない戦いで、イラクとアフガニスタンがまともな国になれば（それ自体高い山だが）確かにテロの温床はその分小さくなり、世界からリスクが少しだけ減ったと言えるのかもしれないにせよ、アルカイダ型テロ組織はいつなんどき息を吹き返し、またニューヨークかどこか、アメリカ中枢を狙ったテロを仕掛けてこないとは限りません。

しかも相手が国家組織ではない、または予め壊れてしまっていた国である場合の戦争とは、勝利した後の果実の収穫ができません。賠償を取るなどは論外です。

アメリカがドイツと日本について戦後長い時間をかけ恐らくは戦争・占領という「投資」を回収し、差し引きプラスを稼げたのだとすると、そういう計算式が初めから成り立たないところでの戦争——それが対テロ戦でした。

すなわちアメリカの国力は消耗の一途を辿らざるを得ず、このたびは第一次湾岸戦争の時のように、一三〇億ドル国民の血税からぽんと出してくれる日本のような国もなかっただけに、アメリカ経済に与えた影響はあくまでもマイナスです。

そんな、アメリカの弱った経済に痛棒を食らわしたのが二〇〇八年九月一七日に生じたいわゆるリーマン危機です。

背後に積み重なっていたものは何か。

グローバル・インバランスだと言われています。

一言で言うと、アメリカに貸し込んで、そのアメリカの消費需要で貸し手が潤う図式であり、これを借り手のアメリカ側から言うと、稼ぐ以上の消費をし、不足分を世界から借金して賄うスキームでした。

もっと一般化していう場合、借金依存経済の限界、レバレッジを利かせた経済運営の行き詰まりなどとも称されます。

しかもこの構造に、アメリカでだけはペーパー・マネーを意のまま創造できる仕組みがビルトインされていることが、問題のひとつの核心だとも思われるに至ります。

考えてみれば、アメリカに許された一連の流れ――購買力の元となる通貨の創造、過剰な消費と結果としての経常収支赤字、対外負債の増加によって、戦後世界経済は今まで伸びてきたのです。

日本は、対米輸出をテコとして、何度不況から這い上がったかしれません。韓国や台湾、タイやマレーシア、そして近年の中国に至るまで、いわば自分で自分に金融をつけ消費を拡大できる国、アメリカへの輸出によって、例外なく伸びたのです。

その過程で軍事支出という極めて大きな消費需要を賄ったアメリカは、ソ連を倒し、東欧諸国を自由陣営に組み込むことにも成功しました。あるいは、新興企業をしゃにむに大きくするベンチャー育成モデルを確立し、アップル、マイクロソフトなど人間生活に多大の影響を与えるビジネスをも育て上げました。

世界はみな、アメリカというとてつもないレバレッジ・モデルの受益者と言って言い過ぎではないのですが、無理のあるシステムは、いずれは壁にぶつかります。

その壁に逢着させたのが、リーマン危機でした。

アメリカン・ヘゲモニーの屈曲点

もうお分かりのとおり、これは見ようによっては、アメリカン・ヘゲモニーに打撃の与えられた事態ととらえることができます。戦後成長モデルの屈曲点であることは、異論のないところでしょう。

あたかもそのような機をとらえ、ドル体制に引導を渡すべきだとさかんに論をなし始めたのが中国だったのです。

そしてその中国の意図に含まれた地政学的挑戦の意味がてんで分からないか、分かったうえでアメリカを弱くすることに意味か正義かを認めるアメリカのいわゆる国際経済学者とが加わって、二〇〇八年から一一年ころまでドルの次、新しい国際通貨体制を論じる気運が生まれたのでした。

私はこれらの過程を見ていて、動機の多くは純粋経済学的なものでなく、政治的権力配分をめぐる闘争だと思いました。

かつ、これまで見たように、ドルの地位は容易なことで失われたりしないのだから、それを知ってのうえで言うのであれば、それはドルへの嫌がらせ（ハラスメント）であり、とどのつまり、アメリカに対する挑発であると思わざるを得ませんでした。

誤解なきよう。思考実験としての「次なる国際通貨」を議論し、あるいは論文を出すこと自体の動機がすべてイデオロギー性を帯びているなどと言うつもりはありません。

むしろ私は、日本発のアイデアがきちんと文献となり発表となってこの間全く出て行かなかったことを、我が国金融コミュニティーの知的怠慢だと思っています。

発信なきところ、受信なし。国際社会ではラジオの感度だけ上げる手品はできません。自分で物を言って初めて、いろいろな情報が集まってくるようになるものです。したがって無言で通した日本には、多々現れた新鮮なアイデアが十分伝わっていないことを恐れるものです。

しかし特定の意見を国と政府が推すとなると、話は違ってきます。ひとわたり、国際通貨体制をめぐる異論・新説を眺めてみて、そこに国家の意志を最も感じさせたのは中国でした。だいぶ遅れて、フランスでした。

けれどもフランスは、ことに二〇一一年に入るや自分の庭先やバックヤードの火を消すのに懸命とならざるを得ず、通貨体制の将来構想などに割く精神的・実務的余裕を失ってしまいます。それにもともと、本気でアメリカに異議申し立てをする心構えがあったかも、疑わしいところがあります。

周小川論文の波紋

中国が初めて本格的にドル体制への異を唱えたのは、リーマン危機の余波がまだ収まらない二〇〇九年三月のことでした。

タイミングは、周到に計られたものでした。その翌月、ロンドンで、いわゆるG20の金融問題会合が開かれる予定になっていました。中国が十全の参加資格をもつ会合です。ここにあらかじめ議論を投げかけるべく、準備された論稿なのは明らかでした。

具体的には、中国人民銀行総裁・周小川《しゅうしょうせん》が、自分の名前で論文を発表したのです。「国際通貨システム改革に関する考察」と題されたその論文（中国人民銀行は「スピーチ」として分類、発表した）は、結論として「超主権備蓄貨幣」の創設を唱えています。英語で言うと、スーパー・ソブリン・リザーブ・カレンシー。つまり特定一国の主権に左右されない準備通貨（備蓄貨幣）を創設すべしとの提案でした。

趣旨はここに尽き、要するにアメリカの発行するドルから中心通貨としての地位を奪うべしとの意味合いをもつものでした。

できることから始めるべきだとする周の提案とは、やはりＳＤＲをまともな通貨として流通するものとし、その発行と管理は「グローバルな機関」がになうべきだとするものでした。つまりはＩＭＦないしその発展形が、任に当たるということでしょう。

周はそのうえで、人民元にしかるべき場所を与えるよう要求します。「あらゆる主要国通貨をＳＤＲの構成通貨とすべきであり、その際にはＧＤＰをもとにした比例配分を考えるべきだ」と言います。

この主張は、ＩＭＦへの出資比率に応じた配分となっている現状に対し、中国経済の規模を勘案できる制度を対置し、人民元を組み入れよと迫っているわけです。

ただし半畳を入れておくと、その場合、人民元のウエートは日本円の比重をそんなに超えては増えないことになるでしょう。ＧＤＰでは中国が日本を二〇一〇年に凌駕したとはいえ、差はまだ大きくありません。ＩＭＦの出資比率では、年来日本が中国を上回って今日に至ります。図らずも、周の主張は日本円のシェアを相対的に維持・向上させる意味合いをもちます。果たしてこのような主張はどれほど実現性をもつものでしょうか。

ＳＤＲに人民元を

愚見によるとＳＤＲにそんな役目を果たすことなど当分あり得ないことはすでに述べたとおりです。また政治的に言って、ＳＤＲにどんな改革を加えるにしろ、いまのところその最大のステークホルダーであるアメリカが首を縦に振らないプランは、何にせよ実現の運びとなりません。

とすると、SDRに人民元を組み入れさせようとするところに本音の期待があったのかと読解できます。

その場合またしても首を傾げざるを得ないのは、SDRの構成通貨にすることでいったいどんな実利があるのかです。

ここでふたつ、指摘しておくとすると、そのひとつは、中国とはこのように自己主張をし、その時はダメでも議論の進展次第でいつか自分のアイデアに近い方向が出たときに、指導力を発揮しようとする目論見をもつ国なのではないかということです。

いわばハッタリですが、言っておくだけならタダだし、運がめぐってくれば指導力の種になるかもしれないと、そんな考えでしょうか。

なお中国人民銀行はいかにも中央銀行として独立であるかに思うのは間違いです。周にしても、江沢民ら上海派閥との関係が取り沙汰された共産党幹部のひとり。人事を通じて威光を遍在させる党の影響から無縁でなどいられません。

すなわち二〇〇九年三月の時点で、北京にはアメリカにひとつ嫌がらせをして、自分の旗を立てておきたい気持ちがあったと見るべきでしょう。

人民元は、早ければ二〇一一年中にもSDRの構成通貨になるのでは、と早手回しの観測がありました。

が、これは結局実らずじまい。IMFは同年一〇月に理事たちで会議を開き、SDRのバスケットに入れるか入れないか、個別通貨について判定するとき、基準を妥協すべきでないとの結論に達しました。

とくに「自由に流通する」通貨であることという基準は、守るべきだとの判断に至ったといい、この点から人民元は基準未達であるとみなされざるを得なかったわけです。

ただし、リーマン危機この方、SDR改革論がいろいろな場で出始めたことも指摘しておかなくてはなりません。中国はそんな流行を機敏にとらえたのだと見ることができます。そこが指摘しておきたかった二番目で、実際、邦字メディアにはほとんど入ってきませんでしたが、この間のSDR改革論議には百花斉放《せいほう》の感すらありました。

6　SDR改革論議の行方

すべてを取り上げる必要はないと思いますが、議論の範囲を知るにふさわしい一種の極論を見ておきましょう。

序章で紹介したアヴィナシュ・パソードの議論などは、その最たるものでしょう。イギリスの金融街、シティ・オブ・ロンドンでは、長年名の知られた人物です。JPモルガンでワールドワイドの為替・市況調査部門を率いる地位に就いたのが、弱冠二七歳だった一九九三年。

そのころは専門誌の選ぶ為替アナリストランキングで、トップ3に数えられることが何度か。後、グローバル・カストディ（証券投資の資産管理）業務最大手のステート・ストリート銀行へ移り、ここでも世界全体のリサーチ部隊を束ねる長を務めたという人ですから、象牙の塔で霞を食って生きている類の人たちと対極をなします。

マーケットを知り尽くしたリアリストと言っていいでしょう。

ところがそのパソードにして、提案している改革案とは次のように極めて過激です。

〔現行ドル本位体制が抱える問題への〕解決策は、ＩＭＦが新しい通貨を発行することだ。発行主体は、国際的な条約で成立根拠を固めた組織であればＩＭＦでなくてもよいが、いずれにしろそういう国際組織が新種の通貨を発行するのである。

新通貨というのは、〔ＳＤＲのような〕バスケット・カレンシーや、帳簿に記載する時の単位としてしか使えない類のものではない。実物資産との兌換性を欠く通貨しか持っていない国々に無料で支給されるようなものでもなく、何か、実体としての資産に裏打ちされたハード・カレンシーだ。

森林・水資源本位制？

つまりSDRそのものを改革するというより、別の全く新しい通貨をIMFが出すべしとの主張です。SDRと同様、新しい通貨は背後に裏付けとなる資産をもつのですが、それはドル、あるいは人民元といったフィアット・カレンシー、ペーパー・マネーではダメだとパソードは言います。

入れるべきは何か「実体」をもった資産で、パソードによると、

入れるべき実体資産とは、価値の評価が第三者によって可能なもので、かつ所得を生むものとする。そして、経済が持続不能な伸び方をした場合、費消されてしまう類の資源とする。

たとえば、サステイナブルな森林や水資源を想像するとよい。それのバスケットをこしらえ、新通貨を裏打ちする本位資産とするのである。そんな新通貨を準備資産として持つ

者は、担保となる森や水資源を世界中に求める責任を負う。

新しい通貨は実体資産との兌換性を持つとともに取引の対象となり、およそ減価することがない。価値の貯蔵手段として魅力を得るはずだ。

所得を生む実物資産への投資となるからそこに流動性が生まれ、世界に広く分散させることで、〔いまドルについて生じている〕集中のリスクを解消することもできる。

これを準備資産としていくら貯め込んでも〔価値貯蔵目的としてならよいが〕、一部の国々に資産価格の持続不能な上昇を招いたりしない。

その逆に、〔価値急減で〕投資利回りがまるでなくなるというようなことにもならない。

われわれすべての将来を良くするための投資となるのである。


（〔 〕内は訳注、一三四頁の引用とも、出所はAvinash Persaud, 'A Note on the International Monetary Problem' in Jean-Paul Fitoussi, Joseph E. Stiglitz and the Paris Group Ed., "The G20 and Recovery and Beyond: An Agenda for Global Governance for the Twenty-first Century" [Columbia University, LUISS and OFCE, February 2011])

とまあ、訳してはみたものの実務的にどういうことなのかいまひとつピンときません。出典は、ニコラ・サルコジ仏大統領の要請を受けフランスがG20議長国となるのに合わせ専門家たちが寄せたペーパーをまとめた論文集で、他の寄稿を見ても（我が榊原英資氏による原稿というよりメモ書きが典型だが）アイデアのスケッチというか走り書きが多く、パソード筆の稿もその例に漏れません。

が、誰もが価値を認め、大切だという思い入れが強く、その余り、通貨の裏打ちにすらできる資産となると、必ずしも金など希少金属でなくても構わないだろう、いっそ、地球のエコシステム＝生態系にとって必須の森林資源や水資源に基づくものにしたらどうかという、その趣旨は理解できます。

パソードの提案によると、通貨を増やそうと思えば森や水を豊かにしなくてはなりません。金本位制なら金を掘り出すところでしょうが、森林・水資源本位制ですと、アマゾンの熱帯雨林などを再生させなくては、絶対的な通貨供給量は増えない理屈になります。

仮にその再生が進まない、つまり熱帯雨林は枯れ、水資源は増加する人口を支えきれず涸《か》れる一途なのだとすると、ここで言う通貨は、徐々に供給量を減らしていくことになります。

通貨が希少価値を得るので相対的に物の値段が下がり、世界的デフレになるかもしれません。いずれにしろ世界経済の成長を抑止する意味合いをもちます。

ＩＭＦに強大極まりない強制力でも与えない限り、まず実現は困難でしょう。しかしこういう過激な提案を、市場を知り尽くした相場のプロまで言い出していること、かつそんな事情をわれわれ日本語空間に留まる者は十分咀嚼《そしやく》できていないことは、やはり注目に値します。

ここに見られるのは、これ以上の資源消費と、成長とを、地球全体の生態系にとって望ましからざるものと見る一種のイデオロギーで、これが萌芽を見せたのがリーマン危機後の通貨体制論議でした。

自動縮小装置付き通貨?

ここからさらに想像を逞《たくま》しくしていくと、通貨の裏付け資産は金とか森林資源とか、誰もがポジティブな、正負の符合で言うとプラスの資産でなくてもよいという考えが成り立ちます。たとえば排出する炭素(カーボン)と関係づけ、温暖化ガスの総量削減に導く形式であるとか、世界システムに拡散でなく収縮が必要なのだとすると、利息も正の値でつけるのでなく負の向きにつけ、次第に減価していく自動縮小装置付き通貨を導入するアイデアもあり得ます。

これは二〇世紀初頭に無政府主義的傾向をもつドイツ人、シルビオ・ゲゼルが唱えたアイデアとして知られています。カネは置いておくと利息(interest)でなく、一般には船舶留置料を意味する「デマレージ(demurrage)」という課徴金がつく構想です。

ここまで尖鋭にならないまでも、SDRの裏付けをペーパー・マネーでなく何か実体のある資産とすべきだという意見は、実はリーマン危機後の二年と少々、随所で言われ始めていたのでした。知らぬは日本人ばかりなり、という状況だったのです。

先にSDRの濫觴《らんしょう》について述べたところで、元は金との関係をもつ「ペーパー・ゴールド」と言われていたことを紹介しましたが、ある意味では旧態に復せとする議論といえるでしょう。だとすると、金復位の主張と紙一重です。それでもなおSDRに固執しなくてはならない理由は、あまり見当たらないということにならないでしょうか。

ケインズのアイデア再び

そしてドルに代わる人造通貨を何かつくるとなると、誰もが思い出すのがジョン・メイナード・ケインズが提唱した「バンコール」のことです。

ケインズは第二次大戦末期、「ブレトン・ウッズ」会議へとつながる一連の検討過程で、戦後国際金融の仕組みを「決済同盟」の延長上に考案しました。

決済同盟とは、個人と個人に置き換えて言うと、ツケ払いし合う二人が月末に差額を清算するやり方を、国同士で取り決めを交わし、設けようとするものです。

A国からB国への輸出が八〇、B国からA国への輸出が一〇〇だった場合、AはBに二〇払うというのが差額清算決済の方法ですが、これを多数国間でやり、互いに清算し合うことにする——つまり世界に手形交換所のようなものをこしらえるべきだと、ケインズは考えました。

しかし、差額がいつもそうきれいに清算されるとは限りません。時間のズレが必ず出てきます。そういうとき、「手形交換所」の管理者は、ある独自の通貨によって「当座貸越」を与える、つまり銀行用語で言う信用供与（与信）をするのです。

その独自の通貨を、ケインズはバンコールと称しました。そのとき、「手形交換所」は、事実上の世界中央銀行となっていることは言うまでもありません。

七〇年ちかい歳月を経て、再びこの着想が脚光を集めたところは、経済学でよく言う「長期的には」、いずれにしろみなが死んでしまうのだけれど、実社会の出来事は、結局のところ学者たちが打ち出したアイデアに従うのだと喝破したケインズの箴言《しんげん》がそのとおりになりかけたふうに見えなくもありません。

7 フランスは腰砕け

甲論乙駁《おつばく》と言ってよいSDR改革論議は、それではアメリカの中でどのくらい注目を集めたでしょう。

「ほとんど集めずじまい」だと断定して間違いではありません。

問題意識に富む一部読者が読むような、いわゆる高級メディア、それからシンクタンクの専門家たち、ワシントンD.C.の政策形成サークルに属す類の人々の眼に触れる刊行物で、SD

Rの改革をまともに論じたものは（見落としがあるかもしれないが）現れていません。論じていたのは、もっぱらジョー・スティグリッツ（後出）ら、私に言わせると政治や軍事に徹底的に疎い一部国際金融学者のサークルに限られていました。

ＳＤＲの改革には、ＩＭＦの規約を見直す前に、関係諸国間での合意が必要です。大横綱のアメリカから同意を得ない限り、改革は進みようがありません。

それを知ったうえでＳＤＲをあれこれ言う中国などの議論は、アメリカには正確にハラスメントとして映るでしょう。そのようなものは黙殺するに越したことはない、と、まずはそんな考えかと想像します。

「法外な特権」攻撃するフランス

案外腰砕けだったのはフランスです。

フランスには、ド・ゴール将軍以来、アメリカに盾ついたり、嫌味を言ったりするのがアイデンティティの一部をなしているようなところがあります。

ヴァレリー・ジスカール・デスタンというのちにフランスの大統領（一九七四—八一年）になる人は財務相当時（六二—六六年）、アメリカだけが自分の刷った札でなんでも買えることを指し、「法外な特権（イグゾービタント・プリビレッジ、exorbitant privilege）」だと言って揶揄しました。

その後、ニクソン・ショック直前まで、フランスは実際にアメリカへ迫ってドルを金に交換させています。その額は一億九一〇〇万ドル相当。金とドルの交換停止へニクソンを動かした大きな要因となりました。

そんな嫌がらせ好きフランスの嫡子、ニコラ・サルコジも、少しド・ゴール的なマッチョぶりを見せ、二〇一二年には大統領選を戦わなければならないと思っていた敵陣営のドミニク・ストロスカーンに対抗し国民受けするところを狙ったのでしょう。さかんに会議を開き学者を招き、「ドルなき後の通貨体制」について案を練らせました。

ストロスカーンはその後ホテルのメイドに手をつけたと嫌疑をかけられ、IMF専務理事の役職と名誉をともに失墜して大統領選出馬の芽を断たれます。

が、敵が国際金融の要職にあるのを意識したのか、サルコジ自身随分と力を込めていました。とくに、国連事務総長にも頼まれ（さして影響力のなかった）国際通貨体制改革案をつくったジョー・スティグリッツを大いに買い、このノーベル経済学賞受賞者にして大物経済学者を主査格として、サルコジは二〇一一年三月、南京で大規模な国際会議まで開きます。

なんでも、北京は政府協賛とするのを渋り、南京に本拠を置く研究機関にホスト役を押し付けたとか、いろいろと噂が飛び交いましたが、パリ・北京で枢軸をつくり、ドルとアメリカに圧力を及ぼす共同戦線づくりに出たのは明らかでした。

ところが、実はそれ以前、同じ年の一月ワシントンを訪問したサルコジ大統領は、オバマに対して「ドルは世界のナンバー・ワン通貨」だと、言わでものことをわざわざ言わされたかたちになっていて、勝負はサルコジの腰砕けによる負けと決していたのです。

南京の会議は、いわば負けが決まったあとの消化試合みたいなものでしたが、自ら言いだしっぺになってやらせただけあって、ご本人が南京までやってきて基調講演をしました。

ちなみに、東日本大震災と津波のあと、比較的早く日本へやってきたサルコジのことを我が国メディアはまるで被災国民を勇気づけるため特別に訪問してきたかに思わせる報道をしたものでしたが、事実はというと、南京に来たついでに日本に寄ったのでした。

8　人民元決済網づくりの帰趨

中国の対ドル・ハラスメントを語るとき、周小川論文が口火を切ったSDR議論に加え、もうひとつの動向について触れなければいけません。

SDRにこと寄せてのドル批判は、「攻撃」というより「口撃」というべきもの、実体は何もないものでした。しかし、まだ規模こそ小さいとはいえ、着実に実体を生み出しつつあるのが、中国による「人民元決済取引グループづくり」とも呼ぶべきものです。

中国の外交には、とかくある種の戦略性を読み取りたくなるものです。行きつくところ、中国外交の一挙手一投足が、すべて計算ずくであるかのように受け取る傾向さえ出てきます。

それはいくらなんでも大げさなのだとして、他の民主主義国にはまねのできない、戦略的外交を可能とする素地が中国に備わっていることは確かです。

第一に、民主主義国と異なって、中国の政権は長期間安定しています。長年、同じ人物がトップにいるため、ひとつの政策をいろいろな国に対して息長く継続的に続けることができます。

さらに、大臣級のポストにいる高官だけでも、普通の国の何倍もいます。たとえば外交部長、すなわち我が国で言う外務大臣は、アメリカへ行けばヒラリー・クリントン国務長官の交渉相手として立派に振る舞っています。が、彼の共産党党内序列は、なんと上から数えて二六〇番目。つまり、これが日本だったとすると、せいぜい外務省の課長級に過ぎません。そんなお人と、諸国はまともに「外相付き合い」させられているわけですからひどい話です。

裏を返すと、狙いをつけた国に送り込める高官に事欠きません。

かつ、議会の縛りが何もありませんし、世論によるチェックも絶無です。

日本ですと、総理や外相は年間二五〇日余り国会に縛り付けられ、外遊をできるとしたら休日に限られます。一泊三日（機中一泊）というような強行軍を挙行したとして、地球の裏側に当たる南米などへおいそれと大臣級の人々を送れないわけです。そういう障害も、中国の場合は存在しません。

最後に、共産党の人事掌握力はスターリン時代のソ連に勝るとも劣らない徹底したもののようです。一人ひとりに「档案《とうあん》」なる人事ファイルがあり、すべての記録がそこに書き込まれているのです。命令一下、同じ動きをいっせいに展開できる機動力とは、ここにその理由を見出すことができます。

このような、非民主主義体制国ならではの外交カードを種々用いながら、中国の進めてきたのが「人民元決済網」づくりでした。

ここのところ、やり方には一定のパターンが窺えるようになっています。

すなわち、弱い国、落伍しそうな国、西側から疎まれた国が登場したとみるや出かけていって、第一に先進国にはできない賄賂まがいの援助（たとえば大統領公邸を建築し与えてやるとか）や、国民の福利にとっては二の次のはずのサッカースタジアムなど目につく施設をつくって供与します。さらに最近では鉄道敷設など巨大インフラ工事も請け負うようになりました。

第二に、低利長期のローンを与え、資金繰りに困っている国にはいつでも面倒を見る約束をしてやり、インフラ事業には融資をつけてやったうえ、第三に、貿易決済を、収支尻の差額決済とすることにし（決済同盟）、ドルを使わず人民元と当該国通貨だけで済むようにする約束の取り付けまで進みます。

このパッケージを、前述のとおり、あまたの高官を派遣し相手方に与えるパターンが定着しています。

ロシアの懐に入って人民元決済網

ロシアの懐深くにこのやり方で進入し、モスクワの神経を逆撫でしているのが、中国のモルドバとベラルーシへの突っ込み振りです。

どちらも欧州では最貧国。モルドバは分離勢力を抱えています。輸出品というと、自動小銃カラシニコフと、他国で労働者や時に売春婦となる人間だけという国がモルドバだとすると、ベラルーシは圧政を敷きメディアの弾圧も平気の平左《へいざ》という国ですが、この両国と中国との関係は極めて良好、輸出入の決済尻を互いの通貨で実施する約束をとりつけています。

最近は中央アジア「スタン」諸国の中でもいちばん大きく資源賦存量の豊かなカザフスタンと、同じように国際通貨を媒介せず人民元とカザフの通貨テンゲイ（tenge）とで決済できるようにする取り決めを結ぶに至りました。

これは、その動機となると誰もが臆測するしかないのですが、中国の陸上大国・ランドパワーとしての一面を覗かせたものでしょう。

すなわち陸路欧州へ抜けていくポイント、ポイントに、自国勢力を移植し増殖させていくやり方――それはやや後に述べるトルコなどへつながり、「現代版シルクロード」をなすものですが――であり、ロシアが関税同盟を結んでいるカザフやベラルーシに入り込み、対露貿易の有利を得ようとする目論見でもあろうかと思います。中国の重慶からカザフ、ロシア、ベラルーシを経てリトアニアへつながる鉄道輸送路が、現に二〇一一年秋から動き始めています。

当然ながらロシアは反発、関税同盟を組む右の二国との関係を「ユーラシア同盟」と称してテコ入れしていくことにしました（二〇一一年一一月）。

9　気づけばアイスランドの後見人

中国はなんでも自国を「陸海兼備の国」と称している（国家海洋局「海洋発展報告二〇一一年版」）由で、つまり自分は陸上大国でもあればシーパワー、すなわち海洋大国でもあるのだと自称しているそうです。

そのシーパワーとしての長期戦略を如実に感じさせ、世界を驚かせたのが北の果て、アイスランドへのアプローチでした。

アイスランドは、二〇〇八年のリーマン危機後、最初に国家ぐるみで破産した国のひとつです。国の資金繰りがつかなくなり、同国は当然、アメリカに泣きつきました。

なぜ「当然」なのか。

アイスランドは、北米大陸とヨーロッパ大陸のちょうど真ん中に位置する島国です。冷戦期は、アメリカとソ連の代表が首都レイキャビクで会ったりもしました。それだけ戦略要衝にあると言えます。

西側の一員で、NATO(北大西洋条約機構)のメンバーにはなっていますが、自国だけの力で軍隊を持つことができません。防衛は実のところ全部アメリカに委任し、自分の軍隊をもたない国です。

アメリカの「保護国」とすら言っていい国ですから、近年、金融業を成長産業としてきた戦略が完全に裏目に出て国としての資金難に陥ったとき、当然にもアメリカに融資枠設定を要請したのでした。

これが、アメリカ(具体的には連邦準備銀行)に一蹴されてしまいます。アイスランドにとって屈辱的なことには、同じ要請をアメリカにしたスカンジナビア諸国は希望をかなえられたのに、アイスランドだけ無視された形になりました。

地政学に詳しいさる人に教わった言葉に、「ロウカス・ミノリス・レジステンティエ（locus minoris resistentiae）」というラテン語があります。身体の中で、抵抗力がひときわ落ちている部位のことです。

アイスランドは、まさしく西側世界のロウカス・ミノリス・レジステンティエになりました。このような場合、北京は見逃しません。

すぐに接触し、資金の融通など救いの手を差し伸べていたことが、それからしばらくして明らかになりました。

二〇一〇年の六月初め、共産党中央政治局常務委員序列第八位という超大物、賀国強が、レイキャビクを訪れます。

随行者に含まれていたのが、中国人民銀行副総裁の胡暁煉（女性）。彼女と、アイスランド中央銀行総裁マル・グドムンドソンとの間で、両国間通貨スワップ協定が結ばれたのです。

互いに資金を融通し合う枠を設定したわけですが、用意した資金枠とは、向こう三年をにらんでアイスランド側が六六〇億クローナ（約五億一一〇〇万ドル）、中国側がそれと同額の人民元でした。

二〇〇九年の双方貿易額は輸出入合計で三三〇億クローナでした。ちょうど二年分の貿易総額に等しい額を、約束し合ったことになります。

これはいざというときの融通枠に関する合意ですが、同時に、「決済同盟」を組むことでも合意に至っています。

アイスランド企業が中国から物を買い、代金を払わなくてはならない場合、その企業はアイスランド中央銀行に自国通貨のクローナで払い込みます。

アイスランド中央銀行は、両国間の売り掛け・買い掛けを一定期限で相殺し、差額分を中国から貰うか、中国に払うかしますが、それは両国中央銀行に各々プールしたスワップ用口座の増減で処理する仕組みでしょう。

中国から見ても同じ。こういう仕組みを決済同盟というのです。

アイスランドにしてみると、中国からの輸入代金のためドルを手当てする必要がなくなり、その分資金繰りが楽になるでしょう。

それにしても取り決めを「半人前」とはいえNATOの正式メンバー国と結んだのはやはり衝撃的でした。

通貨と軍事が中国では一体

それればかりではありません。

中国の意図は、アイスランドと北極航路を共同で探査、開発し、いずれ北極海の氷がもっと融け夏場の航行がはるかに自由になる日をにらんで、商業用の航路、つまり北極シーレーンを開発するところにあったことがすぐ明らかになります。

中国が北極に寄せる関心は並大抵のものではありません。

北極海には豊富な資源が賦存していると言われます。

上海から、北極海経由ドイツのハンブルグへ行く航路は、マラッカ海峡からインド洋、スエズ運河から地中海と経て行く南回り航路に比べ、距離を六四〇〇キロメートル稼げます。中国が本気になる理由は大ありです。

しかし中国がアイスランドに地政学的関心を示し、北極海をシーレーンとする意向を明らかにしたことは、日本、アメリカ、ロシアそしてＮＡＴＯを驚かせるに足る話でした。

すでに中国には、北朝鮮にあって日本海に面した元山の港を自国海軍の寄港地にしたい意向がほの見えますが、近い将来、日本海は中国から北上する商船隊の幹線航路となる可能性があります。

それらの船は、宗谷海峡か津軽海峡を経て北上、北極海からアイスランドを目指すわけです。当然、これの安全保障は中国海軍が提供するということになるでしょう。

ロシアへの守りだけ考えていた北海道周辺海域には、中国への備えが必要になりますし、北方四島の戦略性は初めてと言っていいほど顕著に高まります。

ロシアにしてみても、自分たちのいわば目の上に中国海軍が現れる事態を想像せざるを得なくなります。アラスカをかすめられるアメリカにとっても座視していられる事態ではありません。NATOには、中国の物理的プレゼンスが海から感じられる稀な機会を提供することとなるでしょう。

こういう非常に地政学的な路線の構築を、通貨外交と並行して進める国、それがいまの中国なのです。

中国がフィジーに食い込む理由

伸びるシーパワーが北極海を目指す様を述べてきましたが、太平洋を斜めに横断し南アメリカへ行く航路も中国にとって極めて重要です。

ペルーやチリから、銅鉱石その他、経済発展に不可欠の鉱物資源をたくさん輸入しているからです。

そこで重要なのが、航路のほぼ中間点にあるフィジーです。

二〇〇六年、観光しか産業のないこの小さな島国で、奇妙な軍事革命が起きました。

奇妙と言うのは目的の過半がオーストラリア、ニュージーランドという兄貴分の国に反旗を翻し、北京にすり寄るところにあったのではと思わざるを得ないからです。

その後、提督フランク・バイニマラマ首相は、自身が中国に長逗留してみたり（軍事革命政権の長として国内を留守にするのは異例）、将校の教育を中国人民解放軍に委託したりし始めます。

とかくするうち、中国から投資家を名乗る一団が二度フィジーへ来訪し、港湾整備の提案をします。大型クルーズ客船の接岸余地を増やすのかと思いきや、船舶補修能力をつけるべきだとも提案したところから、衣の下の鎧が見え始めました。

長い南太平洋シーレーンを守る中国海軍艦船の補給地として、フィジーはうってつけなのでしょう。

やがて二〇一〇年秋になると、フィジーは自国通貨（フィジー・ドル）の相場を人民元との兼ね合いを考慮に入れて決めると言い出します。

ドル、ユーロ、オーストラリアドルそして円との相対比較で（これらの通貨をバスケットとして）、フィジーは自国通貨のレートを決めてきました。

バスケットに、人民元を入れる意向がこのころ伝わったのです。報道によれば、フィジーと中国の外相会談で決まった話だとのことでした。

中国による海への権益拡大が、軍事力と通貨外交のセットで進む様子を垣間見せるものだったと言えます。

中国は人民元決済網、決済同盟を、最初は国際社会の鼻つまみ者のような国から始め、次に西側先進国のアイスランドを取り込み、さらにはイスラム圏の一方の雄で大変な親日国でもあるトルコに触手を伸ばし、じわじわとしかし着実につくっています。

トルコへの露骨な浸透

トルコこそは、ロウカス・ミノリス・レジステンティエでありましょう。NATOの成員で、アメリカからの援助を多く受け取り、世俗的な国家運営をして狂信と無縁な国造りを心がけてきたというのに、恐らくは欧州側に残る宗教的抵抗感のせい、そして永遠の敵対国キプロスが横ヤリを入れ続けるせいで、EUへ入れません。

待てど暮らせど、トルコは入門証をもらえないのに、旧ソ連圏の東欧諸国は続々EU入りしていきました。指をくわえて見守るしかなかったトルコには、近年になるほど西側世界に対する強い反発が芽生えます。

EU加盟をめぐって固い壁に衝突し続けてきたトルコは、近代化路線とイスラムアイデンティティの狭間に立って悩みを深めていきました。パレスチナの支援に乗り出すなど西側離れの独自路線を見せ始めました。

そんな矢先の二〇一〇年一〇月、首都アンカラを訪れた温家宝中国首相は、三兆円の低利融資を約束しました。これを元手にトルコは鉄道網の拡充を一気に進めるということです。無論、中国の企業が大いに絡むでしょう。

両国の首脳が高らかに宣言した「戦略的関係」は、中国からトルコへの武器システム輸出、中央アジア回廊の鉄道路線開発から貿易決済におけるドル離れまで、フルコースともいえる内容です。

これの露払いをするかのように、先立つ九月には中国空軍の戦闘機がトルコ領空へ侵入し、共同演習を挙行しました。中国空軍機がＮＡＴＯ領空へ入ったこと自体初めてでした。まして領空内の共同演習などまったくもって前代未聞だったのです。

10 アメリカは知らぬ振り

気づけば人民元差額決済同盟を結んだ相手はかなりのリストになっています。

しかし、ＳＤＲ改革に関して体よく無視を決め込んだアメリカの学者、専門家、政策集団は、この問題についてもまったく関心を寄せていません。

「知ってはいる、だが真剣な考慮に値しない」と考えているのだと、私に話してくれた国際政治経済学者もいました。

けれどもそれは関心の不在を意味しはしないと思います。北京がそこを読み違えるといつか火傷を負うでしょう。

それというのは、北京が目下北極海から中東欧、アフリカ、南太平洋から南米諸国までまるでオセロゲームの盤上で角石を置くかのように進めている決済同盟とは、かのナチス・ドイツがマルク決済同盟として推し進め、とりわけ（今回の中国と同様）アルゼンチン始め南米諸国に及ぼそうとして、ワシントンの逆鱗に触れた政策そのものだからです。

一方で自国内外の資本移動を自由化するのを拒み続け、人民元レートは市場実勢より五割方割安に保ちつつ、ドルの失墜を狙う陥穽《かんせい》のような仕掛けをそこかしこにちりばめようとしている国――。ワシントンから見える中国は、そう映らないはずがありません。

矢継ぎ早だった北京のこうした工作に対し、アメリカは二〇一一年いっぱいかけ、軍事力と外交力の主力を大西洋から引き揚げアジア・太平洋へ移す劇的転針をもって応じました。

アメリカが主導する環太平洋経済連携協定（TPP）と北京を含むいわゆる東アジア共同体構想とをてんびんにかけ、どちらがいいの、悪いのと言いたがる向きがありましたが、後者を肯定するとは、すなわち北京主導の枠組みに自ら参入することを意味します。

中国との貿易関係で言うと、早晩、人民元建て決済を迫られ、我が国は外貨準備の相当シェアを人民元に当てなくてはならなくなるでしょう。

為替変動リスクは、無論、決済通貨発行国である中国の側にでなく、日本の側へ一方的に集中します。

とかくするうち、日本銀行の金融政策などは北京・中国人民銀行が実施するポリシーの単なる反射に過ぎない事態になるかもしれません。

事態がそこまで至ったとき、日米安全保障条約は、仮に残存していたにしても空文化していることは疑いの余地がありません。それでもなお駐留する米軍にはその目的を訝《いぶか》る向きがますます増え、反発が高まることでしょう。

私は通貨体制の将来を考えるとき、常にこのようなシナリオを一連のものとして考えるべきだという立場を選びます。

通説は実にこの対極にあります。通貨は通貨で切り離して論じ、通商政策はまたそれとして別個に論じ、このいずれかを考える人々は、安保や外交には決して言及しないという仕切り意識が全体像の把握を不可能とするのです。

考察対象の中国は、共産党の意志を貫く体制のもと、経済と政治、安保と外交をそれぞれ別個に扱う発想をもともと持っていません。本章でも、地政学的進出が人民元浸透工作を伴う事例に触れました。

もしそのように、総合的見地に立つならば、少なくとも向こう一〇年、アジアの秩序が中国の台頭とともに動揺し続ける間、東アジア共同体だ、統一通貨だといった浮世離れした議論は象牙の塔奥深くに押し込めて封印するくらいがいいだろうと思います。

が、アメリカにも浮世離れしたとんちんかんな学者たちは大勢いるのです。

そこを一刷毛スケッチしてから、本章を閉じようと思います。

11 二〇一一年のブレトン・ウッズ会議

二〇一一年四月八日から足かけ四日、ニューハンプシャー州ブレトン・ウッズでその名も「ブレトン・ウッズ会議」と称する大きな国際会議がありました。

主催したのは、おなじみの投機家兼慈善家ジョージ・ソロスが、五千万ドルの私財を投じこしらえたＩＮＥＴ（Institute for New Economic Thinking）という組織で、有名どころの経済学者をほとんど全部呼び集めたものでした。

場所も、一九四四年の七月、本来のブレトン・ウッズ会議が開かれたと同じマウント・ワシントン・ホテルです。

ジョン・メイナード・ケインズが投宿し、その妻リディアが踊りの稽古をしたスイートに、このとき誰が泊まったか、そこは詳《つまび》らかにしません。

けれども、ドルを基軸通貨とした国際会議を六七年前に開いたのと全く同じ空間で、このたびはそのドルを玉座から追い落とす青写真がいろいろと論じられたのです。

国際経済・金融の専門家を集めた参加者リストを見て不在に気づくのは、ピーター・ケネン(Peter Kenen)、ロナルド・マッキノン(Ronald McKinnon)、そしてロバート・マンデル(Robert Mundell)ぐらいなものでした。

あとはほぼ網羅的で、さる評に従うと、多くはソロスの息がかかった人々だったとのこと。ちなみに日本から参加しパネルに登壇したのは、野村総合研究所のリチャード・クー氏ただ一人でした。

もっともクー氏は、通貨論のエキスパートとして出たわけではありません。「バランスシート不況」を説得的に説いた英文著書が、リーマン危機このかた広く読まれたせいだったでしょう。

これらの人々にとってのドルとは、一言で言って落日・斜陽の通貨です。

その将来をいかに論じようが、あるいは論じまいが、地位必衰は当然の理《ことわり》とみる点で、コンセンサスがある集団なのです。

先行きの通貨体制とは、彼らの議論が収まるところ、ほぼ二つの見方にまとまってきました。

SDRか、多極通貨体制かです。

SDRを真の国際通貨とし、ドルを置き換えていくプランでは、何度か出てきたスティグリッツが先鋒を務めています。

いわゆるノーベル経済学賞を取ってからのスティグリッツは、小さな政府と市場優位を教義とする「ワシントン・コンセンサス」の誤りを説き続けてきました。

SDRを国際通貨にするとは、個別国民国家を超えたグローバルなガバナンスを前提とする考えで、本書で主張してきたとおり、行き着く先にはケインズが構想した類のグローバル中央銀行も導入しなくてはならなくなります。

文字どおり「大きな制度づくり」を前提にするものなので、レーガン・サッチャー流の「ネオリベラリズム」＝「政府は小さいほどよし」とする思想とは、もちろん相容れません。

ドル一極から多極制へ？

SDRを国際通貨とする道のりが急峻すぎると考えるもうひとつの立場によると、近い将来の国際通貨システムは、多極通貨併存体制になるといいます。

バリー・アイケングリーン（Barry Eichengreen）がこの説の代表で、ドル、ユーロ、中国人民元が、将来世界を仕切る三大通貨になると飽きずに繰り返しています。

自国の資金繰りをつけるのに自ら紙幣を刷れば済むアメリカのみに許された特権、例の、ジスカール・デスタンが言った「法外な特権」を、この人たちは取り去るべきものと考えます。アイケングリーンの議論など聞くにつけ、ドルとはそのアタマの中で飴玉同様の存在であることが分かるのです。

世界に一種類の飴玉Aしかないならば、飴玉製造業者Aが、原材料をどれほど水増ししようが周囲は黙ってのみ込むしかありません。

けれどもここに飴玉B、飴玉Cが現れ競争相手となるならば、製造業者Aはもっとしっかりした飴玉をつくるだろう——とそれが、私流に言いますとアイケングリーンの所説なのです。

他方、SDRを国際通貨とする議論には、これまで見てきたとおり精粗多数のバリエーションがありますが、要するにいま対外取引の決済に諸国がドルを用いなくてはならないのと同じように、アメリカも、自国通貨以外の決済手段（SDR）に依らざるを得なくすべきだとこの説は考えます。

アメリカに「躾」を入れたい人たち

そのようにして初めて、アメリカは経常収支赤字の野放図な膨張を食い止めようとする。逆言すれば、そうでもしないとアメリカの乱脈は直らないと考える彼らは、アメリカにきちんとした「躾」を入れたい学派なのです。

つまり彼らアメリカ人経済学者は彼らなりに、いっぱし愛国者のつもりでしょう。アメリカに躾を入れたがり、その通貨に健全な競争相手を持たせてやりたいのですから。

そしてそこらが、経済学者のほとほと困ったところにほかなりません。

アメリカに躾が入ったとして、経常赤字を無理やりにでも減らすほかなくなったとき、太平洋に張り付けた海軍力などは当然縮小せざるを得なくなります。

逆に人民元建て国債をアメリカや日本に売りつける中国は、その海軍力で、日本や西太平洋一円の諸国に保護者然として振る舞うようになるのではないでしょうか。

それがリアルポリティークの未来図なのだとしても、経済学者たちにはもとより関心の埒外《らちがい》のようです。

まして、地政学などは一九世紀の遺物と一笑に付してはばからないエコノミストばかりを集めることで、ソロスは事実上、ひとつのイデオロギー集団を形成したのだと言えるでしょう。

カール・ポッパーという哲学者に師事したことを誇りとし、師匠から継承した「開かれた社会」なるものをつくるべく、ソロスは出身地域である東欧諸国の民主化に財団のカネを随分とつぎこみました。

でも、どうやら彼が言う「オープンソサエティ」にとっての敵とは、かつてコミュニズムであったかもしれませんが、いまやアメリカの世界覇権そのものであるようです。

お分かりのように、アメリカ内でドル衰亡を予想し「ドル後」を語ろうとする集団は、アメリカのヘゲモニーなど必ず終わると思うか、終わるのは当然だと思うかしています。その意味で、それ自体が「アメリカ衰亡論者たち」とも呼ぶべきひとつのイデオロギー集団をなしているのです。

第六章
アメリカ史と聖書と金

1 ケインの退場とAPP

共和党大統領候補を狙い出馬した黒人の元ピザ・チェーン経営者、ハーマン・ケインが二〇一一年一二月初め、選挙戦離脱を表明したことは、金本位制復活を模索するAPP（第一章参照）にとって痛手でした。

しかしこのケインという人、「面白すぎる」のが仇で、いずれにせよ大統領の芽はなかったと言うほかありません。

若い時分は、ミサイルの弾道分析を専らにする数理屋だったといいます。ピザ・チェーンで大儲けしたのはいいのですが、外交や安保となるとからきしで、「このままいくと中国が核武装するだろう」（中国最初の核実験は、東京オリンピックの中日に合わせて実施した一九六四年のものが最初）などとんちんかんは言うし、とある詩人の言葉だと言って映画「ポケモン」主題歌の一節を、それと知らずに引用するし、カラフルそのものでした。

冷静に思い返すなら、「こんな」人しか支持者につけられない金復活論議は、やはりあくまでも異端なのです、いまのアメリカにおいては。

しかし第一章で少し見たように、アメリカにおける金本位復活議論には、確信的金論者が揃い踏みでリバイバルし、おおっぴらに主張し始めたという著しい特徴があります。

二〇一二年大統領選挙で、明確な金復位論者が候補になろうがなるまいが、当選しようがしまいが、ひとたび多くの人の注目するところとなった金復活論議は、究極の選択肢として生き続けるのではないかと思います。

キャンペーン団体のAPPなどは、いずれにせよおっつけ消滅するでしょう。けれども、すでにAPPには、長らく主張を押し隠していた人々を含め、根っからの金本位論者をあぶり出し、政治的ベクトルを彼らに与えた業績があります。

金復活は、アメリカにおける立派な政治的イシューになり、この先論じられ続けていくテーマになったのであって、そこにもっていったAPPは歴史的意義を果たしたと言えるでしょう。

2 坂本龍馬のころの論争を、まだやっている

いまいちど、彼らがアメリカの「諸原則（プリンシプルズ）」を名乗っている意味を考えてみたいと思います。

プリンシプル＝原則というと、謹厳実直な人間が、自らの行動を縛るため設けた倫理綱領といった意味合いが思い浮かびます。企業会計原則などというときの原則は、物事を測る尺度や

基準を想像させます。

が、アメリカにおいてこれは宗教的な意味合いを濃厚に帯びる場合があることに、APPの主張などを見るにつけ、思い至るのです。

絶対的な基準とは、人間がつくったものであり得ず、というより、あってはならず、常に神が与え給うたものでなくてはならない。

そう考える立場くらい、私たち汎神論者に想像することが難しいものはないでしょう。けれどもこころが理解できない限り、アメリカで、アメリカでのみ、金本位復活を声高に言う人が現れる事情もまた咀嚼できないように思います。

南北戦争後の通貨論争

ちょうど日本で言うと、坂本龍馬などが維新に向け奔走していた時期のこと。アメリカは、ある論争で二分されていました。

この時期のアメリカを、後のアメリカ像、とりわけわれわれがよく知る第二次世界大戦後の強大なイメージを投影して理解しようとするのは誤解を招きやすいと思います。

まだひとつの国として実質を確立しきっていません。ユニオン（北部）とコンフェデラシー（南部）とに、〝House Divided〟です。

国家の、それこそプリンシプルを巡る論争に決着がつかず、地理的にも常に分裂のきっかけを孕み続けた形成途上の国です。

とくに、一八六一年から六五年まで続いた南北戦争とその事後収拾過程に、今日につながる問題軸が現れていました。

それは、表側だけでなく裏側まで緑色のインクで印刷していたことから「グリーンバック」といいユニオン側が戦費調達のため発行した紙幣に、通貨としての意味などあるのか、文字通り政府の債務証書に過ぎない紙切れをリーガル・テンダー、つまり強制通用力がある通貨として認めるべきか、それとも金や銀の実体を備えた硬貨に戻り、紙幣は回収、破棄すべきではないかをめぐっての激しい論争でした。

その名もリーガル・テンダー法という法律が、議会を通ったのは一八六二年と六三年のこと。これによって、財務省は四億ドル分の紙幣を発行することができるようになったのでした。

このような経緯でつくられた紙幣を、金や銀と同様の通貨として認めるべきだとした派をグリーンバッカー、その主張をグリーンバッキズムと呼びました。これに対して、それ自体に価値のある金（や銀）こそが唯一の通貨であるべきだとする勢力が、異を唱えて対立したのです。

事の経緯としては、このペーパー・マネーはエイブラハム・リンカーンが承認しユニオン側が発行したものでしたから、北部と南部で地域的対立の軸をもこしらえました。

これを現代の論争に引き写してみると、一世紀半を超えてなお、その著しい類似性に驚かざるを得ません。

国債や政府保証債を買い込んではバランスシートを膨らませ、その裏側で通貨発行量を伸ばし続けているアメリカの連邦準備制度とそれを是認する政府は、さしずめ現代のグリーンバッキズム信奉者です。

そこにアメリカの「原則」が蹂躙《じゅうりん》されたと見る金復活論者は、やはりその祖形を当時に見出すと言わざるをえないわけです。

往時ほどではないにせよ、対立軸は南北の地域差に表れています。

そして、大半のアメリカ国民に今もって敬愛されているリンカーン大統領は、金本位復活を主張する一部の人々にとっては忌むべき存在となるのです。

この辺り、私たちが知らず識《し》らず身につけ一世紀以上継承してきた特定の認識というより、偏見の所在に思い至らせます。

黒船で日本にやってきて、典型的砲艦外交をして我が国の扉をこじ開けたペリー提督とその時代のアメリカのことを、われわれどこか、すでに確立した強国であるかに思ってきたフシはないでしょうか。

福沢諭吉らが咸臨丸で往訪したアメリカは、仰ぎ見るほどの大国で、現代アメリカにストレートにつながっている国として感じてきたところはなかったでしょうか。

事実はというと、当時のアメリカでは、いったい通貨とは誰がこしらえどこに信用の源を求めるべきかという根本問題に関してすら、合意がなかったのです。

それはつまり、一国の経済運営に関して何もコンセンサスがなかったことを意味します。

好例として、南北戦争で最も毀誉褒貶《きよほうへん》相半ばした人物の一人、ベンジャミン・バトラーという北軍の将軍のことを見てみます。

3「グリーンバック」論争

ニューオーリンズ占拠軍を率いた折、「北軍士卒を侮辱した女は直ちに売春婦とみなし、さよう扱う」という将軍命令を出し、「けだものバトラー」などと呼ばれた人物は、戦後政治家として立つときグリーンバックがまともな通貨だと主張したところ、大層な反響を巻き起こした様を自叙伝に書き残しています。

私の元々の立場は、（北部）合衆国政府が発行した法定紙幣〔グリーンバックのこと〕は、金、銀と比べても、おカネだという点に何の違いもないではないかというものだった。

〔中略〕そこで私は、グリーンバックは憲法に照らして合憲な通貨だし、つまり合衆国が合法的に発行した通貨なんだと主張した。

そうしたところがこの問題に関して甲論乙駁が起きた。連邦議会でも、新聞でも、この論争くらい口を極めて論じられたものはない。何しろ当時、法定紙幣は「ぼろ布を詰めてこしらえた縫いぐるみ人形」のニックネームで呼ばれていた。正直者なら、こんなものを通貨として受け入れられないだろうというわけだ。

これでカネを借りるからと政府に押し付けられた証書だったのだ、と。しかも、返済の約束は破られたままではないか、と批判はそんなようすだった。

〔中略〕私は行く先々で堂々と「グリーンバッカー」だと名乗ったのだが、このグリーンバッカーという言葉は、これ以上ないくらい不名誉な言葉になって、私に投げつけられたのだ。(Benjamin Franklin Butler, Autobiography and personal reminiscences of Major-General Benj. F. Butler, pp. 920-921　本件、R・P・シャーキー著、楠井敏朗訳『貨幣、階級および政党・南北戦争=再建の経済的研究』多賀出版、一九八八年刊を通じて知った。訳は原文に当たり、筆者が作り直した)

ただの紙幣に過ぎないグリーンバックがどれだけ嫌われたかを活写するのが、ここに掲げた当時のイラストです。

IN THE MATRIMONIAL MARKET AGAIN
(General Butler as the widow of many parties)

出典：www.CartoonStock.com

キャプションには、「バトラー将軍、あらゆる党から袖にされ、また求婚中」とあって、老女然としたバトラーがひざに縫いぐるみ人形を抱えたところを描いています。

その縫いぐるみにかけられた前掛けをよく見ると、「ラグ・ベイビー（縫いぐるみ）」と書かれた後に、「ボク、銀のドル飲み込んじゃって、代わりに安いグリーンバックが欲しいの」とあります。口に加えた紙切れには「ペンシルバニア州共和党」とあって、バトラーが同州から下院議員に立とうとしていたとき、バトラーを皮肉るために描かれたものであると察しがつきます。

　どうしてグリーンバックがラグ・ベイビーの俗称で呼ばれたかを少し調べてみると、紙幣の紙をつくる過程で、新しい綿を使わず古着から取った木綿を多めに用いていたらしいのです。

ぼろ布のことを、ラグと言います。いわばそうしてリサイクルした古い綿を利用してこしらえた紙は、ラグ・ペーパーと言いました。グリーンバックはラグ・ペーパーでできたもの、そこから転じて、ラグ・ベイビーだというわけなのでした。

ドル紙幣を真実の通貨とはどうしても認めることができず、どこかまがいものとして見た当時のアメリカ人の捉え方が、この比喩にはよく表れています。

もし、現代の金本位復活論者のうち強硬派の一人として後ほど触れる人物が、強烈な反リンカーン論者なのだとしても、もう驚いてはいけません。

そして南北戦争に敗れた南部には、正義は我にありとする遺恨が今日に至るまで細々と、しかしその限り脈々と残っていて、リンカーンを憎み、フィアット・カレンシーを被造物に過ぎない人間がこしらえた偽ガネであって、金こそが通貨なのだとする主張も南部に多くの支持基盤をもつことにも、驚くことはできないのです。

ワシントンD.C.に行くと、議会がある丘を遠望する位置に、巨大なリンカーンの坐像(「リンカーン・メモリアル」)があるのをご存知でしょう。アメリカ人観光客がひっきりなしに訪れては、壁面に刻まれた例の「人民の、人民による」というゲティスバーグ演説を目で辿り、リンカーンの大仏様みたいに大きな顔と見比べては、神妙な表情になっています。

宗教改革者マルチン・ルターと同じ名をもつマーティン・ルーサー・キング・ジュニアは、リンカーン坐像のすぐ下に立ち、リンカーンが放つ目ぢからを援用しつつ、「アイ・ハブ・ア・ドリーム」の大演説をしました。

それくらい、リンカーンはアメリカ人の大多数にとって仰視する対象ですから、反リンカーン論とは極めて少数派に属します。

よく言えば、ラディカルです。金復位を唱えることと同様に。

けれどもある種の人々、金本位への復帰を主張する一部の人々にとって、リンカーンこそは、人間の営みにラグ・ベイビーみたいなまがいものを持ち込み、アメリカの原則を歪《ゆが》めた張本人なのです。

むしろ驚くべきは、日本におけるアメリカ研究の泰斗、斎藤眞（故人、文化勲章受章者）がよく言っていたところにならうなら、「近代以前の時代を知らないアメリカ人にとって、過去のどの時代も『同時代』として認識される」というその性質が、こんな議論によく滲み出ていることでしょう。

現代の課題、ここでは通貨の信用を論じるに当たって、日本に置き換えるなら坂本龍馬のころの論争がいまだに同時代性をもつのです。そんな国は、きっと世界中でアメリカ以外にはありません。

4 南部分離派と金

ちなみに今紹介した反リンカーン論者というのは、ボルチモアにあるロヨラ大学（カトリックのミッション系）のビジネススクールで教授をしているトマス・ディロレンゾ（Thomas J. Di Lorenzo）という学者で、ペーパー・マネー排斥、金復位を唱える人々の中でも急進的な一派に属す一人です。

二〇一一年二月九日、連邦議会下院金融サービス委員会・国内金融政策とテクノロジーに関する小委員会に招かれ（招いたのは本書にしばしば登場するロン・ポール）、この学者は金融政策と景気の関連について証言しました。

そのとき、彼の登場に不快を感じた議員の一人は、ディロレンゾが「南部分離派」であって、「南部連盟（League of the South）」という団体に近い人物だと発言、背景の暴露をあえて議事録に残しています。

いまわれわれは、アメリカ史におけるひとつの暗渠《あんきょ》を覗きこんでいるようです。南部、その失われた大義、細々とだが絶えたことのない分離独立への渇望、造物主への畏怖と、被造物に過ぎない人間がこしらえる紙幣への不信、反対に、金への信奉――といったキーワードで叙述されるにふさわしい思想風景が、アメリカにはある。金本位制をめぐる議論には、伏流水のように流れてきたそんな感情が、経済政策の体裁をまといながら噴出するのだと思います。

経済学で古典のひとつとされるジョン・スチュアート・ミル（一八〇六年〜七三年）の業績『経済学原理』がイギリスで現れたのは、一八四八年のこと。

この年は大陸欧州を革命の気運が覆ったことで知られていますが、何もかも、後にすっかり脱宗教化した、つまりは世俗化した頭で当時の思潮を見てはいけないのだと思います。

たとえばよく知られているように、初期経済学者たちを動かした動機とは、神の意思や設計を確かめようとするところにあったのですし、金（当時は銀も）がマネーたるゆえんは、神がそう定めたからだとする信条には、強いものがありました。

一八四八年というと日本では吉田松陰が一八歳、勝海舟が二五歳、緒方洪庵は三八歳で、まだ存命だった歌川広重は五一歳とそういう時期で、そのころの日本に通貨を上位の価値と結びつけて考えようとする気風はあったのか、どうか。

少なくとも現代のわれわれからすると、イギリスやアメリカで、まだこの当時、金を神の意思と結びつけて理解する発想が根強く残っていたことはやはり驚きです。

かつ、それが現代世界にあって非常に宗教的心情の色濃く残る国だと言えるアメリカに残っていることは、ともするとわれわれの意識に入ってこようとしません。自戒が必要なところだと思います。

5 聖書の初めに出てくる金

何しろ、聖書に親しむ人々にとって、金は世の始めからあるのです。

創世記第二章に曰く、

エデンから一つの川が流れ出ていた。園を潤し、そこで分かれて、四つの川となっていた。

第一の川の名はピションで、金を産出するハビラ地方全域を巡っていた。

その金は良質であり、そこではまた、琥珀《こはく》の類やラピス・ラズリ〔瑠璃《るり》のこと〕も産出した。

と、いきなり冒頭近くに「良質の金」が採れたという記述があるくらいです。

預言者は金をたくさん持っていた

しばらく行くと創世記第一三章で、アブラム（アブラハム）は、

　妻と共に、すべての持ち物を携え、エジプトを出て再びネゲブ地方へ上った。ロトも一緒であった。
　アブラムは非常に多くの家畜や金銀を持っていた。

と書いてあり、キリスト教、ユダヤ教、イスラム教がみな最初の預言者とも、父とも仰ぐ人物からして、金を豊かに持っていたことになっています。

ですから金は神が認め給うたものと考える心情は、キリスト教を原理的に奉じる人たちにとって論証の必要すらないことなのでしょう。

アメリカの憲法に、そのことが色濃く反映されているという主張もあります。

アメリカ憲法には、実は通貨は実体に裏打ちされた硬貨でなくてはならないという規定があります。

「連邦議会は、……合衆国の信用において金銭を借り入れ……貨幣を鋳造し、その価値および外国貨幣の価値を定め、また度量衡の標準を定める……権限を有する」（第一条第八節）とい

う授権規定と、「各州は……貨幣を鋳造し、信用証券を発行し、金銀貨幣以外のものを債務弁済の法定手段として……はならない」（第一条第一〇節）という禁止規定の二つで、この二つだけです。

もしこれを厳格に解釈するとアメリカ経済は一貫して憲法違反の状態を続けていることになります。

それよりも、第一条第八節で授権規定を述べたと同じ条文内で、度量衡の標準についても言及しているというその点に、まず間違いなく起草者たちの宗教意識が表れていたでしょう。

というのは、やはり旧約聖書の箴言第二〇章二三節に、「二種のふんどうはエホバに憎まる、虚偽のはかりは善からず」とあり、経済活動にとって天秤の分銅、はかりのような役割を果たす通貨が偽りだったり、複数種あってはならないとする発想は、アメリカ憲法起草者の頭に染みついていただろうと考えられるからです。

まさしく右の点、つまり議会に金貨鋳造を許すことと、度量衡を定めることとを憲法が同じ条項で規定している点に目を留め、言及しているのが、金本位制復活論の主役たち二人の共著になる書物なのです。

次章以降ではその二人の紹介と、彼らの周辺にある知的空間がどんなものなのかを眺めた後、現代の金本位復活論者たちは具体的にいかなる移行プロセスを考えているのか、その政策提案を見ておくことにします。

こうして見てきて思いますに、金本位制の発想は、旧約聖書以来の、神の掟は人知を超えたものであることを信じるキリスト教やユダヤ教の伝統のほうに親和性が高いといえるでしょう。山川草木に魂が宿るとみなす日本人にとって、金本位制はあまりピンとは来ないものかもしれません。また、すべてのものに魂は宿らないと考える中国人の金本位制論者も考えにくい。金利殖家はあり得ても、です。してみると通貨体制とは、民族の文化や精神と深く結びついたものだと言えます。

「オズの魔法使い」に隠されたメッセージとは

ここで、ひとつ蛇足を。

「オズの魔法使い」をめぐる意外な解釈論争の話です。

これまでの行文で、時々金と銀を並列して使ってきました。

実はアメリカ金融史で金の玉座が確立するには、銀というライバルを倒さなくてはならなかったのです。

長らく金銀複本位制、「バイメタリズム」をとっていた国がアメリカでした。先述した憲法の規定にも、銀を金と並べて書いてあるのがその証拠です。

最終的に決着がつき、金本位制一本になったのは、「自由銀連合というポピュリストに支えられ大統領選に挑戦してきたウィリアム・ジェニングス・ブライアンを、ウィリアム・マッキンリーが一八九六年の選挙で打ち負かしたときである。そこからは、後戻りできない形で金本位制になった」とされています（Robert L. Hetzel, The Monetary Policy of the Federal Reserve : A History, 2008, p. 12）。

なんでも民主党候補ブライアンは、労働者、農民を代表し東部金融資本に叛旗《はんき》を翻すスタイルをとったらしく、農民や工場労働者にもっとカネが回るよう、銀一六オンスを金一オンスと同等の価値をもつものと認め、銀貨を広く流通させるよう迫ったというのです。

この挑戦があえなく敗北に終わるプロセスに材を取り、重量単位オンスの略式表記ＯＺを使って、オズの魔法使いというお話に仕立てた作者は、ジャーナリストのフランク・ボームという人物でした。

実はこの物語、子供向けファンタジーなのは見かけだけで、全部寓話になっているとの解釈があります。

当時の挿絵には、臆病なライオンをドロシーが叱っている場面を描いたものがあります。ドロシーは、小さな犬のトト（ＴＯＴＯ）と一緒にカンザス州（保守的中西部の代表）から竜巻で飛ばされ、オズの国へ迷い込みます。

旅で出会うのは、絵で言うとこちら側にへたりこんでいる、脳のないかかし。これは状況を把握できず茫然自失の農民の比喩だとされます。

それから奥の森に座り込んでいるのは、心の無いブリキの木こり。これは、不況で放出された労働者のシンボルです。

当時の『オズの魔法使い』の挿絵

臆病なライオンというのは、敗北したブライアン候補その人で、ドロシーは、いつからか銀のサンダルを履いています。

銀本位制を象徴するサンダルを身に着けたドロシーは、一同とともに、黄色いレンガの道を歩いている（上の図はもともと色刷りで、地面のレンガが黄色く塗られている）のですが、目指す大魔法使いオズの住むエメラルドの都へ通じたこの黄色いレンガの道こそ、金ならびに金本位制を象徴するものだというわけです。

つまりはブライアンとその支持母体をなした農民、労働者層が、結局は金本位の道へ入っていくしかなかったと、そう書かれているのだと思うと確かに辻褄《つじつま》が合うのです。

ジュディ・ガーランド主演、一九三九年MGM映画『オズの魔法使い』は、「虹の彼方に」という大スタンダード曲まで生んだ名作です。

何気なく見てきたあの物語が、そんな解釈を許すものだったとは。

もちろん本作がほんとうに当時の論争、大統領選を反映したものだったかどうかについては、今に至るも論争があります。

が真偽のほどはともあれ、一九世紀が二〇世紀へ変わろうとするとき、それは日本の歴史で言うと日清戦争に勝ったばかりのころでしたが、アメリカには金銀複本位制をめぐる大論争があったということを、このお話くらい雄弁に伝えるものはありません。

第七章 金本位求める大御所二人

1 ロン・ポールとルイス・レーアマン

二〇〇八年ごろから勢いを増す金本位復活の議論において、何といっても大御所は、次の二人、いずれも老境に差し掛かった男たちです。

一人は、テキサス州選出共和党下院議員のロン・ポール（Ron Paul、一九三五年生まれ）、もう一人はルイス・レーアマン（Lewis E. Lehrman、一九三八年生まれ）という富裕な社会活動家です。

レーアマン（左頁写真左）は一九八〇年代末期の一時期に、投資銀行モルガン・スタンレーでマネジング・ディレクターを務めた経験があり、今も自身で投資顧問を開業しているようですが、そもそもの富は、先立つ七〇年代に「ライト・エイド」という大きなドラッグストア・チェーン（アメリカでは薬局とコンビニを併せたような業態を指す）で社長をしていたころまでに貯え終えていたようです。

それというのも、一九七〇年代初頭にはすでに立派な資産家だった証拠に、今日まで生き延び、金本位制宣伝の主力団体として便利に使っている彼自身の名を冠したシンクタンクをそのころ発足させているのです。

ルイス・レーアマン(左)とロン・ポール(右)

そして一九八二年には、ニューヨーク州知事選に立ちました。

共和党候補に選ばれたところまではよかったものの、本選で敗れてしまいました。そのとき知事になったのは、雄弁をもって鳴らし、一時は民主党大統領候補の呼び声もあったマリオ・クオモでしたが、そのことは本題と関係がありません。

レーアマンはそんな過程で一九七〇年代、四〇歳になるかならないかくらいのころすでに、共和党選挙資金の有力パトロンとして注目されるに至っていたのでしょう。

恐らくはそんな事情から、レーアマンは「金委員会」なる組織に一九八一年から八二年にかけ名を連ねます。そして、このとき同僚だったのが、ロン・ポール(写真右)なのです。

2　三〇年前の「金委員会」

いま言及した金委員会（正確には「国内・国際通貨システムにおける金の役割に関する委員会」）とは、アメリカが公式に金復位の可能性・実現性を論じたものとしては最後の試みです。

一九八〇年の大統領選挙で、ロナルド・レーガンがジミー・カーターを敗北させました。先立つ四年というものは、経済におけるインフレと失業の増大、七九年に起きたイランにおける親米政権の転覆（イラン革命）とアメリカ大使館占拠、第二次石油ショックなど、世界経済の変調とアメリカの指導力減衰とで彩られた時代です。アメリカがこんなに弱くてよいはずがないという大衆レベルで募る不満こそが、レーガンを大統領に押し上げた要因でした。

就任を機に、議会は一九八一年九月法律を通過させ、レーガン政権に対し、金委員会の設置と結果の報告を義務付けます。

ニクソンが金とドルの交換を停止して、ちょうど一〇年に当たった年です。

当初の目論見ですと、為替をフロートにするなら、経常収支のバランスがとりやすくなるはずでした。

金融政策をもっと自由にできるなら、物価の安定もよく保てるはずだったのです。

ところが現実には、それら学説の見立てをことごとく裏切るように、足元では物価高プラス失業増の「スタグフレーション」が進み、外交力を含めアメリカの国力は低下してしまっていました。

やはりニクソンの判断はどこか間違っていたのではないか、いまいちど、金本位制の可否を真剣に議論しておくのは無駄ではないだろう。

そんないきさつでできた金委員会は、翌八二年三月、早々に報告書を提出します。

これに参加した人たちは、委員長を務めたドナルド・リーガン（当時、レーガン政権の財務長官）を除くと一六人で、うち上院、下院いずれかの議員は七人、連邦準備制度理事会メンバーなど、連銀関係者が三人、大統領経済諮問委員会（ＣＥＡ）の、委員長はじめ関係者が二人、学者、ロイヤー、金融関係者など民間人が四人という構成でした。

当時ＣＥＡ委員長だった経済学者マレイ・ワイデンボームのように、八〇代半ばになっても時折メディアにコメントを出す人がいないではありませんが、多くはすでに高齢であり、中には亡くなった人もあるでしょうし、特段発言が目立ちません。

「金委員会」で若手だった二人

つまり当時の最若手、ロン・ポールとルイス・レーアマンくらいしか、金委員会生き残りでいまもさかんに発言している人はいないわけです。

しかもこの二人は、委員会の最終報告を肯定せず、共同で少数意見を明らかにしました。今現在の金復位論議は、多分にこのときの、つまり三〇年前彼らが世に問うた金本位制度復活論に基づいているのです。

そこで今日の議論にとって原型をなす彼ら二人の少数意見を見たいと思いますが、その前に、金委員会とはいったいどんな結論を得たのだったでしょうか。

タイプ打ち報告書は、その二一ページで、多数説の結論を次のように記しています。

「委員会の多数説は、金の役割は現状のままでよく、変化は無用とするものだった。

しかし、将来何らかの時点で金の役割が拡大することがあるかもしれない。その可能性を排除するまでには至らなかった。

この先、物価の安定と、われわれの通貨に対する信認とが回復されない場合には、いますぐ金本位に復帰することを望む主張は、人数、政治的影響力ともに増すだろう。

物価安定、通貨信認とも獲得するのに成功した場合、通貨制度を金ときつく結び合わせることは、必要のない祈りを捧げる類の(supererogatory)ことになる」。

レーガン政権「金委員会」が記録した、アメリカ通貨制度の変遷

1834-1861	世界は金銀複本位制。アメリカ内は事実上の金本位制
1862-1878	「グリーンバック」（注、前章参照）本位制
1879-1914	世界では金本位制が拡大。アメリカ国内で中央銀行は未確立で、発券銀行が複数存在する中、金本位制
1914-1933	連邦準備制度理事会（FED）による管理金本位制。FEDは通貨発行高に対し最低限度の金を準備としてもつよう法律で決められていた。世界は戦間期で、しばらく金為替本位制
1933-1934	世界の通貨体制は金に対して割安となったポンド圏と、金に対するレートを維持しようとした金ブロックとに分かれた。その中、ドルは変動制をとった
1934-1948	戦間期、戦時中、戦争直後は管理金本位制。国際通貨体制は制度がばらけていた
1948-1968	ブレトンウッズ体制の金ドル本位制。金がアメリカ金融政策に及ぼす拘束力は次第に薄まった
1968-1973	ブレトンウッズ体制の崩壊
1973-1981	ドルは不換紙幣、ペーパーマネーとなった

ここで選ばれた形容詞には、少しあてこすりの嫌味が感じられます。

スーパラロガトリーとは義務以上の務めという意味を、カトリック教会における過剰奉仕という古いニュアンスともに感じさせる言葉で、誰が書いたか、金にアメリカ人が託してきた宗教的ニュアンスに知らず識《し》らず引きずられ、つい使ったものかもしれません。

ちなみにロン・ポールというこのころからずっと下院議員をしている根っからの金論者の弁舌たるや、今でこそかなり老いた感を与えますが、You Tubeで見る限り、若いころのそれは大変力強いものでした。

かなり込み入った話でも、誰もが分か

るように、それもすさまじい速度とメリハリの利いた滑舌でしゃべります。これは説教師にしたらフルに能力を発揮するに違いないと思わせるからでしょうか、強い宗教的信念を感じたという感想が、この人の話ぶりにはつきまといます。あるいは起草者に、そんなイメージが浮かんだのかもしれません。

3 大御所たちの少数意見

それではロン・ポールとルイス・レーアマンの二人が、金委員会報告の後に少数意見として出版し、近年になって改めて読まれ始めている本から、彼ら独特の論理構成を見ておきたいと思います。憲法の規定で、金のみを貨幣とせよ、度量衡を定めよ、という二つが同じ条文に入っている点に注目した書物として前章で言及したのはこの本でした。

少し面倒を承知でお付き合い願いたいのは、今から訳出するパートをお読みいただいたあとでなら、なぜ金本位復活論議が注目を集め始めたかほとんど言わずもがなになるからです。

二人の共著『金支持論（The Case for Gold）』は、全文二四五ページ。金擁護の立論は、ほとんど全部網羅的に盛り込まれています。

インフレを予防することができる、金が欠乏し、成長に追いつかないなどという主張は誤りである、などなどといったように。

が、面目躍如なのは「金を支える道徳論（The Moral Argument for Gold）」という一節で、いまから訳しておきたいのがそこです。

（以下、訳文）マネーの単位を定義するときは、実体のある価値、たとえば貴金属などの形で精密に決めなくてはならない。それでこそ、通貨の制度は健全な道徳的原則に則るものとなる。

政府の行政命令だけでカネの地位を得る場合、そのカネとは恣意的なもの、そもそも定義不能なもので、失敗に終わる運命にある。大衆がゆくゆくはそんなカネを拒否するようになるからだ。

今日のペーパー・マネーは、政府がこれはカネだと言ったことだけでマネーとしての地位を得ている。それ自体に価値があるわけではない。その帰結として、経済に対する全権は、通貨制度を切り回す独占的な少数者が享受することになる。

こんな権力は、もともと反道徳的である。手にする人間がたとえ善意の人だったとしても、人間には過ちがつきものだし、カネにまつわることくらい、ひどい過ちを引き起こさせるものはないからだ。

事実、金融政策を良かれと思ってやりながら、しくじりをおかし、インフレ、またはデフレが起きることになる。それゆえに、通貨システムをコントロールする政治力など、悪人には手渡すべきでない。また本当の善人なら、望まないはずの力だ。

インフレとは、通貨と信用貸しが増えると起きる。しかしそれが起きるのは、金との交換ができないペーパー・マネーのシステムを採用している場合だけだ。

「金は嘘をつかない」

……金は嘘をつかないマネーである。なぜなら、政府には作り出すことができないからだ。この場合の新しいマネーは、産出する努力を伴って初めて供給される。政治や金融のごまかしをしてできるものではない。

……金はまた、富と交換可能ななにか、というのではなくて、それ自体が富である。今日流通している紙幣は、富ではない。権利証書に過ぎず、合意を得て初めて富と交換できる。

……ペーパー・マネーの通貨供給量を増やすことはたとえ合法なのだとしても、非合法の贋札づくりのように反道徳的だ。

新しく印刷された紙が、価値をもつのだとしたら、それはいまある紙幣と似ているという単にそれだけのためであり、その場合の価値とは出来あいの紙幣からくすねてきたようなものなのである。

……しかしペーパー・マネーが次第に価値を落としていくと、合法的な贋札づくりのプロセスは誰の目にも明らかとなるだろう。事実上の窃盗行為に対する怒り、苛立ちが起きるだろうし、それはもっともなことではあるが、向きを間違えると、政府をさらに一層強固にする結果を招いたりする。

……通貨の真正、信頼というものは、もし培われるとするとそれは契約に基づく場合である。政府が負うべき唯一の役割とは、通貨に関する掟破りを罰することでしかない。

発行量を増やして通貨の価値を下げる、または薄めるという行いは、農民が水で薄めたミルクを全乳だと称して売るようなものである。農民はつかまるけれども、連邦準備制度の公開市場委員たちはつかまらない。

……歴史を通じて、支配者はインフレを起こし、人民から富を掠め取っては不人気の政策に充ててきた。福祉政策であるとか、外国への武力行使などだ。

……とかく、経済への政府の介入をよしとする者ほど、金をマネーとする思想を嫌うものだ。経済活動に口や手を出したがる政府に対し、チェックをかけるのが金である。反対に、民生だろうが軍事だろうが、外交だろうが内政だろうが、支持を得られない政策に対して増税抜きでもカネがつくようにする道具が、ペーパー・マネーなのである。

……再選を狙う政治家が、何らかの政策を打ち出して、その政策のため通貨発行を増やすことがある。そうやって政治目的のため意図的に通貨の価値を下げることくらい、政府の行為として不道徳なものはない。比べられるものといっては、理由のない戦争くらいである。

しかも、貧困層にとってよかれと思って始める政策ですら、〔インフレを引き起こすのであれば〕結局のところ貧しい者をより貧しくし、中間層を破壊して富裕層をより豊かにする結果に帰着する。

……〔ペーパー・マネーの体制では〕政治家とか、通貨制度のマネジャーとかが、偉大な力を与えられて、マネーの創造を委ねられる。


「ペーパーマネーは政治の所産」

具体的にはまず銀行家は、低い準備率との見合いで、新しい通貨の発行ができる。創造されたマネーが最初に潤すのは、政府であり、大企業、大銀行などになる。……つまりペーパー・マネーとは、政治の所産であるから、政治家が切り回すおカネである。それに対して金こそは自由市場のマネー、人々の手にあるマネーなのだ。

……金とは、人間の自由な選択と、偽りのない交易を、道徳に照らして大切に思う中からマネーとして選ばれてきたものである。……金は、政府がこれはカネだというからマネーなのではない。人々が自由な環境下、自ら選んだからこそマネーなのである。

……正直・誠実といった価値を道徳として重んじる中で生まれるマネーなら、信頼を勝ち得るだろう。道徳的社会において求められているのが、まさしく信頼に値するマネーである。だからこそ、すべての紙幣、すべての証券は、何か実体的価値があるものと兌換可能でなくてはならない。

……銀を定められた重量分に切り分け、初めての硬貨がつくられたのは紀元前七世紀のギリシャにおいてであったが、そのときの貨幣鋳造所は寺院の中に置かれた。……コインに彫られた寺院の印こそは、価値の真正を証拠立てるものと考えられていたからだ。

ローマ時代に硬貨の鋳造を始めたのも、ジュノ・モネーレ寺院においてであって、これが語源となって生まれたのがマネーという言葉なのだ。

聖書に言う法が、コモンローの元となり、西欧と北米で法制度の土台をつくってきた。そしてその聖書の法は、マネーを重量で規定している。

銀、または金の重さで決めているのであって、秤量をごまかしたり、目盛を操作したりした者は、厳しく罰せられることになっている。

預言者イザヤはこう言ってイスラエルを非難した。「あなた方の銀とは、すなわちカス、酒は、水で薄めたもの」(イザヤ書一章二二節)。

……このような背景があったからこそ、アメリカの議会は一七九二年、金の含有量を落とした悪貨を鋳造する罪に、死刑を充てることにしたのである。

(以上訳文。「……」は中略)

ロン・ポールとルイス・レーアマンは、三〇年経った今、考えを全く変えていません。むしろ、自分たちが述べたペーパー・マネーにつきまとう痼疾《こしつ》は、壮大なドルの増発を経て一層醜悪な形でこの世に具現したと思っています。

ポピュリスト的な意味合いにも注意をとめてみてください。

巨大なものや権力的なものを先験的に疑い、あるいは嫌い、中産階級の道徳的優越を対置しようとする発想が、行間から立ち昇っています。

その昔、グリーンバック紙幣を肯定した東部銀行家や産業家は、恐らく同じような論理で攻撃されたことでしょう。アメリカ史を貫くライトモティーフのひとつを見る思いです。

ティーパーティーの論拠と酷似

そしてすでにお気づきのとおり、ここに見られるロジックのいくつか、たとえば政府は本質的に悪であり、神が託した自然法にいつも立ち返るべきであって、法や規制で個人の暮らしや経済に介入すべきでないとする信念は、ほかでもありません、ティーパーティー運動として二〇〇八年中間選挙に忽然と現れ、大影響を及ぼした潮流と、ぴったり重なるのです。

事実、ロン・ポールは中央銀行（連邦準備銀行）廃絶を一貫して唱えており、政府介入を徹底して忌避する点で筋金入りです。そこから、ティーパーティーの父などと評されることもある由。

つまり三〇年前の少数意見は、時間とともにますます少数になるどころか、むしろここへ来て受け入れられやすい素地を見出したと言っていいでしょう。

金本位制などあまりに古色蒼然《こしょくそうぜん》たる意見で、聞くに値しないと一刀両断にできない理由は、繰り返しになりますが、それがアメリカのある種の宗教的信条、政治信念に深く根付いているところにあるのです。

4　経済学の裏付け

造物主が定め給うた法を自然法とみなし、なるべくそれに近づくべきなのであって、政府の介入などはなければないほどよい。

そういう考えが、世界でもアメリカにひときわ強く脈打っています。

本書では、いま金本位への復帰を言う人々がどんな面々で、いかなる信条に突き動かされているかを第二章で眺めました。

ディマンドサイドに対比される概念として、サプライサイドという枠組みが生まれ、それは政府介入による需要創出論と、政府の役割を極小にすることによって刺激される企業家マインドのどちらを重視するかで異なってくることも示唆しておきました。

税金は安ければ安いほどよく、政府介入もなければないほどよいとするサプライサイドの考え方は、金融の世界に置き換えると、ロン・ポールが言うように連邦準備制度（中央銀行）なんかやめてしまえという主張になっていきます。

あるいは、通貨発行における国の独占を廃し、自由化すべしとする自由銀行論なるものにも連なります。

そして、それが被造物に過ぎない人間のこざかしい知恵を捨て去り、なるべく神意に従って生きるべきだとする思想につながると、そこに宗教的信条体系との接点が生まれます。アメリカ的意味で言うところのナチュラル・ロー、自然法を重視する考えに結びついていきます。

第一章で見た、皇太子殿下の友人、ロバート・ジョージが、この文脈で登場しますが、こうしてひとつの世界観が生まれるとき、それはケインズ流の、政府介入による需要創出（インフラ建設などその典型）論とは水と油、ラディカルな自由放任思想になります。

オーストリア学派とは

ここで、最も親和性の高い考え方が、経済学ではオーストリア学派といわれるものなのです。主要人物たちがオーストリアで活躍していたものの、戦争の激化とユダヤ人迫害とを忌避し、アメリカに渡ったためそう呼ばれるようになりました。

よく知られているところでは、フリードリヒ・ハイエク（Friedrich August von Hayek、一八九九〜一九九二年）がその代表格です。

この人の影響力は、一九八〇年代、アメリカにロナルド・レーガン、イギリスにマーガレット・サッチャーという規制撤廃論・新自由主義論に立つ指導者が揃っていたころ最も勢いを得ました。サッチャーは本から何かを学ぶタイプとは程遠い指導者だったようですが、伝記によると、ハイエクだけはしっかり読んだとのこと。

もう一人が、ルートヴィヒ・フォン・ミーゼス（Ludwig von Mises、一八八一〜一九七三年）という、こちらはハイエクの先輩格に当たる経済学者でした。

探っていくと、間接的にですが、日本とも意外な接点が見つかる人です。

ハプスブルク家当主、オットー・フォン・ハプスブルク大公に経済を講じたことがあり、ミーゼス自身、オットー大公のような人がオーストリア指導者の地位についていたら第一次大戦とそれによる破壊は防げただろうという趣旨のことを言い、尊敬の念を隠さなかったと、ミーゼスの未亡人が残した伝記にあります（マルギット・フォン・ミーゼス著、村田稔雄訳『ミーゼスの栄光・孤独・愛』日本経済評論社、二〇〇一年）。

田中清玄、登場

そんな大公の、我が国における親友といってよい存在は、戦前の武装共産党指導者から獄中転向を経て、戦後はたとえば石油危機の当時、中東資源確保に縦横の働きをした田中清玄でした。

田中は本人自身その自覚があったかどうかはともかく、日本におけるオーストリア学派の核だったと評せます。大公を通じてハイエクと知り合っていた田中は、ハイエクがノーベル経済学賞を受賞した折、式典のメインテーブルに席を与えられた唯一の日本人でした。ハイエクとミーゼス（それにミルトン・フリードマンら）がこしらえた自由主義を広める経済学者の集まり「モンペルラン協会」でも、田中は日本におけるひとつの中心でした。

ナチス・ドイツの迫害を逃れてニューヨークへ移ったミーゼスの下に、弟子集団が生まれます。マレイ・ロスバード（Murray Rothbard、一九二六〜一九九五年）はその中心人物で、アメリカ思想に言うリバタリアンの始祖と目される学者です。

前節で見たロン・ポールとルイス・レーアマンの著書には、ロスバードの筆がかなり入っています。

その若い盟友だったのが、ルー・ロックウェル（Lew Rockwell、一九四四年〜）。ロン・ポールの首席秘書として働いたのち、一九八二年にその名もルートヴィヒ・フォン・ミーゼス研究所という組織をこしらえますが、ここがいま、金復位の主張において中心的役割を果たしています。

最後に、ミーゼスの欧州における友人の一人に、ジャック・リュエフというフランス人経済学者がいました。ド・ゴール将軍の経済指南として今に語り継がれるその名は、パリ・エッフェル塔のたもとに公園の名前となって残っています。

リュエフは一八九六年に生まれ、ニクソン・ショックによって金廃貨が決まった後、金本位制復帰を唱え続けて一九七八年に没した学者です。

ジョン・メイナード・ケインズとは早くも第一次大戦後の対独賠償方針を巡って激しく争ったことが知られています。

フランス中央銀行副総裁の地位をヴィシー政権に剥奪され、戦後はフランス経済の再建に尽くしたリュエフは、「モンペルラン協会」で重きをなしたともいいます。

このリュエフなる人物が、アメリカで新たに伝記が出たり、なによりも本書が見てきた金復位を主張する勢力――APP、ルイス・レーアマンら――によって担ぎ出され、再び時ならぬ脚光を浴びているのです。

生前は、自国通貨で経常赤字の資金繰りをつけられるアメリカの特権を非難してやまなかった人で、ド・ゴール将軍のブレーンでもあったことから、アメリカの知的空間ではむしろ間違いなく疎まれた人でしょう。

そんな人物の金をめぐる意見が、いまになって再評価の対象となったのです。しかも彼が書き残し、幸いにも邦訳で読めるプランを眺めてみると、もしかしたらこれなら金本位制（に近いもの）への復活もあり得るかと思わせる説得力をもっています。レーアマンらが心酔するわけです。続く章では、リュエフの計画を手始めに、金復位の方法論としていま言われているあれこれをなぞっておきましょう。

第八章
金本位制への移行手順

アメリカにある、金の「含み益」

金の復活を説く場合、いまアメリカの金が、国の帳簿上いくらで算定されているのか踏まえておく必要があります。巨大な「含み益」が、未実現のままそこに存在していることがすぐ諒解できるからです。

連邦準備制度理事会が公開している「アメリカの準備資産」を見ると、金は増えもせず、減りもせず、一貫して一一〇億四一〇〇万ドルという額で記載されています。

注記を見ると、一オンスの金を四二・二二ドルで評価していることが銘記されています。

戦前、大恐慌を受け、時のフランクリン・ルーズベルト大統領は大統領命令によって（つまり議会と無縁に）、国民に金の使用を禁じました。

そのとき決めた公定平価（ドルと金の交換価格）が、一オンス三五ドルでした。

戦後、ブレトン・ウッズ体制になり、外国政府からの要求に対してだけドルを金に換える仕組みにしてからも、一オンス三五ドルの公定価格は変わりませんでした。

変わったのは、ニクソン・ショックの後です。

一度、三五ドルから三八ドルに金価格を上げ、つまりはドル安にしたのち、一九七三年にいまの四二・二二ドルに洗い替えし、それ以来一貫して同じ平価のまま三〇年ちかい時間が経って今日に至っています。

三〇年のあいだ、金価格は上がり(ドルが割安になり)、一オンス二〇〇〇ドルをうかがう水準にまで達しました。つまりアメリカの金準備は、五〇倍ちかい含み益をたくわえている計算になります。

この次、金とドルに何らかの関係を作り直す際、当然ながらいくらで金を評価し直すかが問題になるでしょう。

誰かと相談すれば、直ちに情報が洩れ、望ましくない変化がマーケットに起きるでしょうから、この種の判断は仮にあるとしたら前触れもなく、突然実施されると思います。

いったい金がいくらまで上がったら、何ができるようになるのか。たとえば簿価の百倍、四〇〇〇ドルくらいまで金価格が上がったとして、そこで金準備を時価評価すると、一兆ドルを超す資産が忽然と現れる計算になります。

それで累積財政赤字が消せるかと言えば、到底間に合いません。

帳簿上で消せても、国債など償還する時にはドルでの支払いが発生します。

この時起こることはドルにおける文字通りの暴落であり、インフレです。債権者からの富の詐取になります。

では、金本位復活論者はその辺りを、どう考えているのでしょうか。

ひとつの手掛かりは、早くも一九七一年に、前出したリュエフが著書に記していた提案です。そこにはこうありました。

1 リュエフのプラン

『ドル体制の崩壊』と邦題の付けられたリュエフの本が、ニクソン・ショックの年、一九七一年に、二人の日本経済新聞記者によって訳され、世に出ています。

末尾に近く、金について述べたところは次のようです。実現性はあるかどうか、吟味しつつ読むに値する行文です。

金本位制の再建により、銀行券、信用通貨など債権の通貨表示制によって生じる金以外の形の通貨をすべて廃止すべきであるなどというつもりは毛頭ない。まして金貨を実際に流通させるべきであるなどというはずもあるまい。

金本位制の再建に必要十分な条件は、あらゆる形の通貨が一定の最小限度の額を残して他はすべて、二度と変更されることのない法定平価を基準にして直接、間接に、たとい地金の形でもいいから金に交換できる体制にあることである。

このような制度のもとにおいては、金価格は変動するはずがない。それとはまったく反対に標準通貨の金交換が保証されていない場合（現在のドルがこれに該当する）、金価格は変動し、特に通貨の購買力が減少しているときには金価格は上がるという現象が起きてくる。

通貨で表示された債権の保有者が、自己の持つ通貨資産と引き替えに要求ししだい即刻、名実ともに一定の量目を持つ金をいつでも手にすることができるという保証が与えられているとするならば、それだけでこの債権者は自己の持つ資産を金に交換しようなどとは思わなくなろうし、したがって現実に金交換を要求しなくなることはいうまでもなかろう。

……現状のもとで国際通貨制度の漸進的崩壊を決定的に食い止めるには、ただ一つの解決策を即座に実行する以外に有効確実な方法はない。それは現金通貨を保有する国に対し、これをいつでも必要とあれば、永久不変の比率で一定量の金と交換することができるという保証を与えることである。

（ジャック・リュエフ著、長谷川公昭、村瀬満男訳『ドル体制の崩壊』サイマル出版会、一九七三年、二一四—二一五頁。

（　）内は原注、……は中略）

前の章で述べたロスバードは、人脈的に言って、いままだ存命なら必ずやレーアマンやAPと一緒に活動しただろう学者ですが、そのロスバードも二〇〇四年、ほぼ同じ線の提案をしています。

ドルを、金の目方＝重量によって定義すること、一度決めた「金何オンスで一ドル」という公定平価を永久不変にすること、そして金とドルを実際に交換可能とすること――。それが、ここに見られるプランのエッセンスです。

2 レーアマンのプラン

レーアマン自身は、このところ各方面で次のような提案を持ちまわっています。これにも耳を傾けておくとすると、

1 アメリカの連邦準備制度理事会は、大統領からの要請を受けて、主要一〇か国（G10）辺りと協議に入る。そこで、それら国々の相互間の貿易が均衡するよう、為替レートを購買力平価に照らして釣り合うポイントで安定させる。すなわち、一般的な貿易財の単位労働コストに見合うように決める。

主要国相互間で購買力を測る指標についての合意を得るため、さまざまな消費価格の物価の序列体系を考え、そこに個別通貨の尺度となる金平価を正確に位置づける。そうすることで各国通貨相互の最適かつ公正な交換レートが決まる。

このようにして決まる金のドル換算価格は、世界の金算出コストを上回る価格に設定することで、通貨の素となる金が安定して産出されることになる。

2　アメリカ大統領は、国際通貨会議での合意を踏まえて、三年から四年先の決められた日に金本位制を始めるようG10諸国に促す。金との兌換性を持つ通貨が欧米の標準となり、アジアその他の地域でも貿易や金融は金を共通通貨としてなされるようになる。

この後は、通貨や信用を増発した国の場合、市場参加者は紙幣を金に換えようとするため、政策変更を迫られ、通貨流通量が調整されるようになる。

新たな通貨を発行する際、担保となるのは金か満期保有すれば自動的に金と交換されることを保証する証券となる。所定の純度に従って鋳造された金貨も標準的なコインとして流通させ、誰でも保有できるようにする。これによって通貨増発による賃金や貯蓄の目減りがなくなり、投機家の不当な利益を防げる。

3　金本位制で準備通貨（基軸通貨）は無用になる。世界の公的ドル準備はひとつにまとめて金に交換、償却する。金の価値を実勢に合わせて値洗いし高くしていくと、それだけでドル準備の償却がある程度可能になるだろう。

(Lewis, E. Lehrman, The True Gold Standard : A Monetary Reform Plan without Official Reserve Currencies, The Lehrman Institute, 2011 から抜粋)

と、大要右のようなプランです。ペーパー・マネーでしかないドルを追放し、金を基軸通貨にすべしという提案です。

この計画にも解けない疑問はたくさん残ります。

金の再評価益で「ドル準備の償却」をする場合、生じるであろう混乱にどう備えられるかという先にも述べたのと同じ疑問はレーアマンの計画について同様に指摘できますが、何より、この計画の前提、つまりアメリカには「鶴の一声」を発することができ、諸国を従わせることができるという発想は、遺憾ながら日に日に非現実的となりつつあります。そして秘密保持は到底無理でしょうから、金をめぐる史上最大の投機熱が起きるでしょう。

しかし、そこがアメリカの力であるとも言えます。要するに虚仮の一念、やると決めて突破してしまったら、それが状況を切り拓くことはあり得ます。

受け身で待つよりも、遮二無二進んで状況自体を変えてしまう。結果がまた新しい状況を生み、ステージがひとつ変わる。

議論の中身が変わったら、そこでまた考えればいい。その時までに、自分についてくる国とついてこない国とが、たぶんはっきりしてくるだろう——。

アメリカは、そういう発想をする国かもしれないという気もします。

金担保証券発行というプランも

プランとしては他にも、金に裏打ちされた債券を発行するという説もあります。

たとえば一万ドルの元本で国債を買ったとし、満期まで持っていたら、一万ドル分を金で返してもらえるようにするというものです。

レーアマン計画にも、一部これが含まれていました。

ドル紙幣とは、いまはただの紙切れです。実体は何もありません。

その紙切れで買わされている国債は、紙切れのさらに紙切れです。これが満期になったら金で返ってくるとなると、実体が伴ってきます。それを徐々にやっていくことで、穏やかなかたちで金の役割を増やしていけるという説です。

3 アメリカならやるかも?

「ルー・ドブズ」というCNNの有名な金融経済アンカーがいます。アマンは、二〇一一年一〇月に彼の番組に現れました。そこでルー・ドブズに、「いったい誰が政治的に金本位制の政策を引っ張っていくのか」と尋ねられたレー返答の言葉を濁しました。

おそらくレーアマンは、最後に共和党の候補者として固まった人物をしっかり「洗脳」し、政策として仕上げたいと考えているのでしょう。それはAPPのシナリオでもあります。

再三言うように、どれも十分考えつめたものではありません。

考えつめていくと、これは無理だという見方が勝つでしょう。

現実の困難が大きい、実現の可能性がない、頭の体操としては面白いけれど夢物語だなどなど、日本で考えるとなるとできない理由がたちどころに二〇も三〇も挙がって、いっそ与太話として扱われることだろうと思います。

しかし、アメリカは信じる力が他国より強い。ときどき間違ったことを信じることもあるかもしれない。それで世界に必要のないハレーションを巻き起こしたり、迷惑をかけたりすることもある。けれども信念の突破力は、アメリカ史を通じて国力の源泉でもありました。アメリカは、もしかしたらこれをやるかもと思わせるところが確かにあるのであって、そうでなければ、金復位の議論など、大方の常識派とともに笑い飛ばしておけばいいのです。

実際、アメリカの学者でこれをまともに論じているのは、経済学以外の価値体系、信念体系がある人たちなのです。ハイエクであり、ミーゼスだったし、その衣鉢を継ぐ人々です。また、造物主こそが価値をつくるのだと信じる宗教的情熱に行き当たります。

そんな信念体系と無縁な大多数の経済学者にとって、金復位の議論など関心の対象にすらなりません。

けれどもできっこないと思って何も考えない人よりも、とにかくやるのだと信念で突っ走る人のほうが強いということがあり得るでしょう。

その信念体系がこれまでアメリカがさまざまな局面を転換してきた時の強さだとすると、金本位制の議論は言下に一蹴できる話ではあり得ません。

ニクソン・ショック以降、金のくびきから放たれて自由に紙幣を刷ったアメリカは借金まみれとなり、その結果、世界経済は債務の重圧に呻吟せざるを得なくなりました。

打開策としてアメリカが金本位制復帰という奥の手を打ち出すのだとすると、そしてそれがアメリカの国力と指導力を保全するのに役立つのだとすると、アメリカにとってはいいとこ取りの逆転劇になるかに見えます。さんざん借金しておいて、今度はルール自体変えてしまうのですから。

しかしアメリカには言い分があることでしょう。

アメリカがつくった借金とは、世界経済の需要でした。それなくしては日本を始めアジア経済の離陸はなかったし、その土台となった安全保障のインフラも提供されませんでした。ソ連を追い詰め、倒すこともできなかったでしょう。

中国を成長させたのも、同じダイナミズムです。

放散の時代から縮小の時代へ

いまアメリカは、少なくとも現存世代が一度も味わったことのない緊縮財政の時代へ突入しつつあります。戦後はアメリカ経済が放散した時代でした。いま始まるのは、収縮の時代です。

ここからの挽回策を、脳漿《のうしょう》を絞って考える力すらなくなった国だとは、私は思いません。どんな最終形になるかは分かりませんが、本書で述べてきた金をめぐる議論は、必ずや真剣な考察の対象になるだろうと思います。

そこに、失われたアメリカン・マインド、つまり節倹とか勤勉とか、神に対する畏怖とかといったモラルとその思潮が合流すると、再び金はその輝きをアメリカ人たちの眼に取り戻すかもしれないのです。

実を言うと思想傾向では対極にあるいわゆる進歩派の人々も、この流れに乗ってくる可能性があります。

それは、ペーパー・マネーなるがゆえに実現した途方もないレバレッジ依存型経済に反省が起き、一種の成長抑制管理型経済体制が選ばれ、金という固定的価値基準がその際の縛りとして使われるような場合です。

「オキュパイ・ウォールストリート」を叫ぶ一派から、地球温暖化に眉をひそめる人々まで、この流れには合流し得ます。

できないのは、これから思うさま伸びるつもりのエマージング陣営、とりわけ中国やインドでしょう。だとすると始まるのは、国対国の、一種の世代間闘争になります。この際、日本の国益は、エマージング勢力とつくことにはありません。

金本位制下でも、成長はあり得ます。金の産出に物理的限界があるからマネーの増加に制約がかかると思う向きは少なくないでしょうが、安定的な産出増が期待できるなら、世界経済の先行きにはそれだけ予測可能性が増します。その一点だけでも、成長を支える要因となります。日本に試されるのはこういうことを、アメリカだけでなくオーストラリアだとか、カナダだとかと組んで、どれだけ中国やインドに言っていけるかでしょう。

ところで、ペーパー・マネーを追放し、通貨と金の一定不変な目方とを結びつけ、金との交換可能性を保障するという本章が見てきた純粋形としての金本位制を実現させようとすると、日本は恐らく大いに困ります。手持ちの金が少なすぎるからで、よほど円安(=金高)にしないと釣り合いません。しかし、超円安など国際的に認められるでしょうか。

最終章　金とアメリカの再起

1 覇権安定理論とその動揺

最後に私がなぜアメリカと金に関心を払うかを述べ、本書を閉じたいと思います。

国際政治経済学という一学問分野があります。

最も学者の数が多いのはアメリカで、次いでイギリス。それをカナダやオーストラリアが追いかけている構図です。英語国に根付いた分野です。

我が国の場合、これを志向する有力な学者をたちどころに何人か挙げることこそできますが、政治学、経済学を別箇に扱う縦割り講座制、学会制度がいまだに尾を引いていることを一因として、あまり定着したとはいえない状況です。

アメリカで、ほぼ同時期にイギリスで、この分野が生まれるに当たっては何人かパイオニアの学者がいましたが、産声をあげたのは一様に一九七〇年前後です。

なぜその時期だったかは、本書を手に取りここまで読み進めてくれた読者に説明は不要でしょう。ドルの危機からニクソン大統領による金・ドルの関係遮断につながったあの時期は、「帝国主義的過剰散開」をし、ベトナム戦争に国力を費消しすぎた結果、アメリカが弱くなると恐れる気運が高まった時に当たります。

だから当時の学者たちは、アメリカの国運を考える意気込みでした。「大きな疑問」、典型的にはアメリカ覇権の行方とドル体制の今後といった「ビッグ・クエスチョン」に取り組むことをもって任務としました。

この辺り、ベンジャミン・コーエンというアメリカの国際政治経済学者の所説（Benjamin J. Cohen, International Political Economy : An Intellectual History, Princeton University Press, 2008）に従いつつ進めています。

草創期国際政治経済学者たちが「大きな問題」とこそ取り組むべきだと考えたとしたら、それは戦後世界の制度において、極めて多くをアメリカがこしらえ、管理し続けたことを肌身の実感として感じることのできた世代に、彼ら自身属していたからでしょう。

例えばチャールズ・キンドルバーガー（一九一〇〜二〇〇三年、著書に『経済大国興亡史1500-1990（上・下）』（岩波書店、二〇〇二年など））という草創期学者の一人は、戦後西側欧州に購買力を与えた援助計画「マーシャル・プラン」の起草者でした。

アメリカ主導の政治経済秩序を、単に観察しただけでなく、現にこしらえた世代の人々だったと言えます。

そんな彼らにとって、アメリカが衰退の途を辿ることなど容認しがたかったのです。いわばそこには治者の立場と視座に立つ者の眼、治める側の問題意識が明確に存在したのでしょう。

国際政治経済学とは、特にその初期において、治者の学問だったと言えると思います（だとすると被治者である日本に根付かなかったのは無理もない）。

そんないきさつから生まれたのが、「覇権安定理論」というテーゼでした。世界は、ひとつの確固たる覇権をもった国が存在するときに安定し、これの絶対的力が失われ、相対化し、多極分立の状態となっては決して落ち着かないと見る見方です。

その後アメリカ国際政治経済学にも、社会科学を席巻した「数学化」の傾向が襲い、数字や数式で表すことのできるテーマが論文にしやすいからでしょうか、そうすることの難しい、むしろ文章に依拠して叙述的にならざるを得ないテーマは敬遠されてしまいます。「覇権安定理論」など、いまやアメリカで、若い学者が時間を費やすに足る主題とはまるで思われていません。

2 中国という危険極まりない存在

しかし私は、日本が身を置くアジア・太平洋、それからインド洋にかけての世界を見るにつけ、覇権安定理論がいまなおシャレではないが安定的に成立しており、その言うとおり、絶対的覇権が失われる時期は不安定このうえないと信じて疑いません。

現状からトレンド・ラインを伸ばし将来へ向かわせますと、中国共産党が創建百周年を慶賀する二〇二一年ころまでには、中国経済の規模が（もし極めてありそうな国内の突発的事態が影響を及ぼす場合を除き）アメリカのそれにほぼ匹敵、ことによるといくらか凌駕しつつある時期に当たります。

百周年を迎える党の達成を自賛するには、アヘン戦争に敗れて以来の恥辱をすっかり清算すべく、ぜひとも台湾が欲しいでしょう。

軍事力の増強と近代化は止まらないと思います。北朝鮮を見てみるなら、経済がたとえどんな状態であれ集権国家は軍拡を継続することが可能なことが分かります。中国とて同じでしょう。

中国は、まことに危険な状態にあります。

一面、自尊心の塊である。半面、傷つけられた誇りを常に反芻、記憶し、復仇を目指して生きている。

一面、自信の塊である。半面、共産党の実権掌握力は日に日に挑戦にさらされていく。

一面、歴史に稀な成長力を示した国である。半面、同じく稀な、急速な人口高齢化に直面する国である。

それら二極に分化する国が、求心力をナショナリズムと軍事拡大にのみ求めようとしている

——それがいまの中国だからです。われわれが隣接する大国は、その歴史において周辺他者にとっては最も危うい時代を通過しつつあるのです。

対するアメリカはというと、二〇一一年、バラク・オバマ政権は軍事力の関心対象、投資対象を一気にアジア・太平洋・インド洋一帯に移す決断をしました。

併せて、韓国、日本、オーストラリアという条約上の同盟国との関係を強化、とりわけオーストラリアと歴史的な接近を追求しています。

条約こそないが準同盟国と言えるインド、シンガポール、そしてベトナムやインドネシアとも、外交・軍事面での関係強化に乗り出しました。

しかし皮肉なことには、こうした多層的・多段階的同盟・準同盟関係の強化は、（1）現存世代の誰も経験したことのないような厳しい財政難の中、一人では何もできない。だから同盟網の強化に頼るほかない。（2）中国が築き上げたミサイル網は日本列島全体はもとよりグアムまで覆ううえ、アメリカ海軍に対する接近阻止能力の向上にも著しいものがあり、アメリカとしては地理的なリスクヘッジを図らざるを得ない。——つまり日本にばかり軍事力を集中してはおけないという、まさしく覇権的安定が失われた結果でもあるのです。

国際政治経済学の始祖たちは、ベトナム戦争後のアメリカ国運の衰退とドル危機とに当面し、覇権の交代が往々にして国力を賭す戦争を伴ってきたことを指摘しました。

ひとつの均衡が失われ、別の、新たな均衡へとシステムが向かうとき、生まれるだろう歪みとは、放置しておけば自動的に修復される類のものでなく、必ずや何らかの摩擦と衝突を生むと考えたのです。

アジア共同体は何故あり得ないか

再び思うに、太平洋からインド洋にかけてわれわれが想定せざるを得ない秩序の動揺は、この叙述がぴったり当てはまるもののように思えます。

オーストラリアは、自国にとっての選択肢が古くからの同盟国、アメリカとともに進む以外にないことを早々に認識し、潜水艦を増やす、最新鋭戦闘機を導入するなど、同国の歴史に稀な軍拡へ舵を切りました。

選択肢が存在しない点、むしろ日本の方が明確なはずです。

中国につくことは、これまで日本が営々と続けてきた民主化努力や自由を尊ぶ国造りの営為と、その結果手にした有形無形の資産を一気に償却してしまうも同然の行為となりますし、四方の海に中国海軍力の進入を許すことは、中国の強い影響下に自らを放ち入れることと同断になります。日本の歴史に、こんなことはかつてしたことがありません。

この点、すなわち地政学的な必然をリアリズムによって認識できない混迷からは、中国に重心をかけた経済的一体化（俗にアジア共同体構想として語られるもの）、さらにはアジア通貨圏に名を借りた人民元エリアへの参入すら求める主張が生まれます。

一九九〇年代初頭、円が主導するかたちでアジアに一種の通貨圏をつくろうとするプランが、当時の大蔵省とその周辺で議論されたことがありました。言葉は同じでも、いま言われるアジア通貨圏とは、衆目の一致するところ人民元を主導通貨とする構想でしょう。いまだにこれを顕揚する向きは、国を誤導する深刻な混迷の持ち主だと私は思っています。

けれどもいま、日本がアメリカ、オーストラリア、インドといった海洋民主主義の勢力に政治経済的・軍事的投資を集中していく姿勢を明示すればするだけ、覇権的安定に生じつつある綻《ほころ》びを軽微にとどめることができます。失われつつある均衡を、自方に有利に回復させ、維持することができると見ています。

日本の存在とは、もしここに生まれつつある体制を海洋民主主義リーグと呼ぶならば、それを活かすか、ほとんど無意味にしかねないか、どちらかに決するほどには十分に大きいのです。

ドルの将来とは、私にとってはいつもこのような視覚から論じなくてはならない対象であり、前著『通貨燃ゆ――円・元・ドル・ユーロの同時代史』以来、常にもつよう心がけてきたアングルがこれでした。

3 アメリカの復元力を軽視するな

アメリカの復元力を、私は軽く見るべきでないと思います。

経済力で並ぼうかという存在が太平洋の涯に現れ、かつ敵対的であってアメリカ既往の政治・経済・軍事的投資の資産価値を償却にかかりかねない非民主主義勢力であるという現状が、次第に多くのアメリカ人指導者たちを覚醒していくことでしょう。そのプロセスは、オバマ政権において既に始まりました。二〇一二年大統領選挙を経て、いっそう促進されるだろうと見ています。

併せて、ドルの地位保全に向けた関心と努力が速いテンポで進むと思います。

なぜならば、第一に、ドルが、他にライバルをもたない主要決済通貨であることによってアメリカが得てきた恩恵とは他で代替が利かないものだからですし、第二に、であるがゆえに国民の尊厳にかけて守らなくてはならないからであって、そして第三に、ディファクト・スタンダードを巡るシェア競争がそうであるように、ネットワーク性の強いドルという「商品」のシェアも、失われ始めるとその勢いは速いことくらいアメリカの識者には分かっているだろうからです。

金は、この議論において必ずや浮上するでしょう。ほんの数年前、早い話、ロバート・ゼリック世銀総裁が「金を基準にしたらどうか」と言い出すまで、一部ゴールド・バグ以外、金とドルの関係になど誰も、目もくれなかったのです。それがここ数年、本書が見てきたように、多々議論を呼ぶ対象となったのであって、同じ傾向は今後強まりこそすれ、弱まることはないだろうと思います。

まさしくこの思惑に駆られ、他方ではFEDによる通貨増発政策がドルを弱含みとし続ける結果、金は「売り」よりは「買い」の対象であり続けると予想できます。そのことがまた、金とドルの関係に対し、アメリカ人の関心を惹きつけ続けていくことでしょう。

ただしその具体的方法論となると、まだ見えません。リュエフやレーアマンの提案を眺めたあとでも、解よりは問いばかりが増えます。APPやレーアマンの言論・情報宣伝活動は、まさにその意味を果たしている、つまり解以上に、ここに問いがあることを教えようとしている点で、私は評価すべきだと思っています。

本書が述べてきたところは、金復位を求める主張を荒唐無稽だなどと無視すべきでないという一点に尽きます。

それが、アメリカ史に深く根ざす傾向の、新たな波頭だと示したつもりです。宗教的信条との接点に、聖書に見られるルーツに、下手は下手なりに包丁を入れてみました。

主要な人物たちの横顔を描き、その影響力に注意を払いました。

ドルに加わりつつある挑戦が質量とも未曾有のものであって、国際通貨体制の改革をめぐる議論は、それゆえ多大な関心対象となっていることを同時に見ようとし、その際、ドルの埋葬を試みる勢力には、強い地政学的思惑があることに目を留めようとしました。

そしてこれらは日本をめぐる地域の情勢との関係において、我が国の将来にとって抜き差しならない地政学的意味合いをもってくることに、読者の注意を向けようとしました。

日本は過去何度か、決定的な場面で情報不足からくる判断の過ちを犯しました。戦後の、しかも通貨をめぐる問題だけに狭く絞っても、例えばニクソン・ショックをきちんと見通し、事前の備えを始めていられなかったことは常に振り返るべき反省点です。

ドルの将来をめぐって、この先何が起き得るのか。思考のレンジを広げられるだけ広げておかなくてはなりません。本書がその目的にいくらか資するものとなっていることを祈らないではいられません。

シンガポールという国は、民族的には混淆《こんこう》、しかし実質的には華人の国で、中国とは自然な親戚付き合いのできる国です。

それでいて、北京の神経を逆なでするように、わざわざ台湾を軍事訓練の場所に選んでみたり、横須賀のアメリカ海軍空母に、寄港の便を図って専用の埠頭をつくって与えてやったり、小さな都市国家ならではのバランス感覚に著しく秀でています。

東アジアの地域統合がこのまま進むと中国主導になってしまうとみたシンガポールは、日本を引き込み、両国共同でインドを、オーストラリア（とニュージーランド）を説き伏せました。

そうしてできたのが、海洋民主主義のプラットフォームといえる「東アジアサミット（EAS）」です。

二〇一一年、バラク・オバマ大統領は初めてEASの首脳会合に参加し、太平洋・インド洋からアメリカは引かないこと、それどころか、今後一層力をここに傾注していくことを明らかにしましたが、アメリカにそんな舞台を提供した功績は、日本とシンガポールの努力に帰すものです。

かつての帝国主義宗主国イギリスから、英語という遺産を継承したことは、彼らのバランス重視外交にとって決定的に重要でした。

労せずして耳に入り、目に飛び込んでくる情報の質と量は、英語空間にいるといないとで決定的に違います。シンガポールがこの便益を手放さなかったのは賢明でした。

そんなシンガポールは、チャン・ヘンチーという女性を駐米大使に選び、この人に、一九九六年以来一貫して大使を務めさせています。これほど長く務めているのは、彼女を除くとジブチの大使（一九八八年〜、ただし国連代表部大使を兼任）くらいです。

長くいなければつくれない人脈を、彼女ならこしらえることができます。そこからしか入ってこない情報を、得ることができるでしょう。

これは、小国の外交スタイルだと言えます。人材が満足に揃わない発展途上の場合や、国の規模が小さく、官僚機構が必然的にコンパクトにならざるを得ない場合のやり方でしょうが、私は日本の対米外交に応用できる点があると思います。

あえて大使として置く必要があるとまでは言いませんが、内外から尊敬を集める魅力のある聡明な人物を、ワシントンD.C.の日本大使館、もしそれがエライ大使さんとの関係で不都合というなら少し物理的に離れたところに置き、五年、一〇年と、ほとんどパーマネントに働かせてはどうでしょうか。

それも、外務省が不得手な金融方面に重点を置き、情報収集に努めさせるようはからってはと思います。

情報は、決して組織に入ってきません。常に個人に入ります。

アメリカが言葉の真の意味における歴史的変貌を迫られている今、その通貨の将来をめぐっても、ひそやかな議論が目立たぬうちにも始まるに違いない今、秀でた個人を長くワシントンD.C.に置いておく重要性はいつにもまして高まっていると信じて疑いません。

日露戦争の戦費調達に奔走した高橋是清の自伝、あるいは少し代が下がり、世界恐慌前後の難局を日銀副総裁、総裁として担任した深井英五の自伝など見るにつけ、当時の日本が傑出した個人を見出し、重責を与えて長く使っていたことがよく分かります。彼らが一個人としてもっていた情報の収集・分析力は、もしかしたら現代のわれわれにかなわないものだったかもしれません。例えば深井にしても、若い時分、京都の同志社であらゆる教科を英語で学んでいるわけですし。

中国の台頭によって、周辺情勢がかつてないまで不透明になろうとしている時期でもあります。日本はいま、シンガポール流のと言っても、高橋や深井流のと言ってもいいですが、ワシントンの奥深くに常にいて、情報の集積点となるような個人を見出し、使うべきでしょう。

既存官僚組織とは必然的に折り合いの難しいポジションとはなります。難しいからと言って手をつけないままでいると、おっつけまた、何かの「ショック」で冷水を浴びせられることにならないでしょうか。本書が述べてきた主題など、そのような個人が目をこらし、耳を澄ませるに最もふさわしいものだと思います。

気づけば、畏友・高橋靖夫氏が六六歳で亡くなって、はや二年が経ちました。『金本位制復活！』（東洋経済新報社）という本が遺著になりました。

三〇歳前後から独自に金の勉強を始め、終生、それ以外には関心を示さなかった人です。営んでいた貸しビルをバブル崩壊直前に売り払い、まとまったカネを手にしてからは、仕事を何もせず、ひたすら金とアメリカの将来ばかり考えて後半生を送った彼は、死後に借財しか残していなかったと聞きます。

私は、経済記者だったころ、高橋氏に確かダボスの世界経済フォーラムが香港で開いたアジア・セミナーに出たときに知り合い、さんざん彼の金論議を吹き込まれた一人です。

高橋さんとは違う角度からにせよ、アメリカと日本の関係や、アメリカ覇権の帰趨に興味をもち続けていましたから、金を常にアメリカという国の国家意志との関係で読もうとする彼の発想に、いつも刺激を受けました。自覚している以上に、影響を受けたとも思います。

あと半年か一年、生きていたら、本書が紹介したような最近の動きを見ることができ、さぞや興奮して、長電話をよこしただろうと思います。それが高橋さんの習慣でしたから。

この本にしたところで、版元の大島加奈子さんが上手にその気にさせてくれ、出すことにはしたものの、もし高橋さんがまだ生きていたら、金のことをいろいろ教えてくれた彼をさしおいて浅学をも顧みず出す気になっていたかどうか。共著にしようとしたかもしれません。

ですからこのささやかな書は、高橋さんの霊に捧げようと思います。

二〇一一年一二月一五日

著者しるす

著者略歴

谷口智彦

たにぐちともひこ

一九五七年香川県生まれ。東京大学法学部卒。

慶應義塾大学大学院SDM研究科特別招聘教授。

明治大学国際日本学部客員教授。

二〇〇五〜〇八年、外務省外務副報道官、広報文化交流部参事官。

それ以前の約二〇年、『日経ビジネス』記者、編集委員。

その間に米プリンストン大学フルブライト客員研究員、

ロンドン外国プレス協会会長、上海国際問題研究所客座研究員、

米ブルッキングズ研究所CNAPS招聘給費研究員など歴任。

著書に『通貨燃ゆ――円・元・ドル・ユーロの同時代史』、

『日本の立ち位置がわかる国際情勢のレッスン』、

『上海新風・路地裏から見た経済成長』ほか。

幻冬舎新書 250

金《ゴールド》が通貨になる

二〇一二年二月二十九日 第一刷発行

著者 谷口智彦

発行人 見城 徹

編集人 志儀保博

発行所 株式会社 幻冬舎

〒一五一-〇〇五一 東京都渋谷区千駄ヶ谷四-九-七

電話 〇三-五四一一-六二一一(編集)

〇三-五四一一-六二二二(営業)

振替 〇〇一二〇-八-七六七六四三

ブックデザイン 鈴木成一デザイン室

印刷・製本所 株式会社 光邦

Printed in Japan ISBN978-4-344-98251-2 C0295

た-11-1

幻冬舎ホームページアドレス http://www.gentosha.co.jp/

＊この本に関するご意見・ご感想をメールでお寄せいただく場合は、comment@gentosha.co.jp まで。

石平
【中国版】サブプライム・ローンの恐怖

リーマン・ショック後に約48兆円の財政出動をし、壊滅的な先進国の輸出を支えた中国は、その副作用でまさにバブル崩壊寸前。中国が内包する矛盾だらけの経済の実態を暴く。

守誠
ユダヤ人とダイヤモンド

「ヴェニスの商人」の高利貸しで有名な彼らは疎まれたこの仕事へどう追いやられ、ダイヤモンド・ビジネスに参入し覇者となったか。度重なる迫害でダイヤモンドが離散民族をいかに助けたか。

津田倫男
M&A世界最終戦争
日本企業の生き残り戦略

仕掛けなければ必ずやられる「日本vs世界」の仁義なき戦い。金融危機後、世界のM&Aは正常に戻り、そして訪れた急激な円高。この十五年間をしのいだ日本企業に今、千載一遇のチャンスが。

渡辺将人
オバマのアメリカ
大統領選挙と超大国のゆくえ

なぜオバマだったのか。弱冠47歳ハワイ生まれのアフリカ系が、ベテランを押さえて大統領になった。選挙にこそ、アメリカの〈今〉が現れる。気鋭の若手研究者が浮き彫りにする超大国の内実。

中村繁夫
レアメタル超入門
現代の山師が挑む魑魅魍魎の世界

タンタルやニオブなど埋蔵量が少ない、または取り出すのが難しい57のレアメタルをめぐって争奪戦が拡大中だ。レアメタル消費大国にして輸入大国の日本よ、今こそ動け。第一人者が緊急提言。

東谷暁
世界と日本経済30のデタラメ

「日本はもっと構造改革を進めるべき」「不況対策に公共投資は効かない」「増税は必要ない」等、メディアで罷り通るデタラメを緻密なデータ分析で徹底論破。真実を知ることなくして日本の再生はない！

門倉貴史
イスラム金融入門
世界マネーの新潮流

イスラム金融とはイスラム教の教えを守り「利子」の取引をしない金融の仕組みのこと。米国型グローバル資本主義の対抗軸としても注目され、急成長を遂げる新しい金融の仕組みと最新事情を解説。

門倉貴史
世界一身近な世界経済入門

生活必需品の相次ぐ値上げなどの身近な経済現象から、新興国の台頭がもたらす世界経済の地殻変動を解説。ポストBRICs、産油国の勢力図、環境ビジネス……世界経済のトレンドはこの1冊でわかる！

手嶋龍一　佐藤優
インテリジェンス　武器なき戦争

経済大国日本は、インテリジェンス大国たる素質を秘めている。日本版NSC・国家安全保障会議の設立より、まず人材育成を目指せ…等、情報大国ニッポンの誕生に向けたインテリジェンス案内書。

橘玲
マネーロンダリング入門
国際金融詐欺からテロ資金まで

マネーロンダリングとは、裏金やテロ資金を複数の金融機関を使って隠匿する行為をいう。カシオ詐欺事件、五菱会事件、ライブドア事件などの具体例を挙げ、初心者にマネロンの現場が体験できるように案内。

平林亮子
お金が貯まる5つの習慣
節約・投資・教育・計算そして感謝

「タバコを吸わない」「宝くじを買わない」「食事はワリカンにせずオゴル」「いつもニコニコする」など、公認会計士として多くの金持ちと付き合う著者が間近で見て体得した、お金操縦法を伝授！

坂口孝則
1円家電のカラクリ　0円iPhoneの正体
デフレ社会究極のサバイバル学

無料・格安と銘打つ赤字商売が盛んだ。「1円家電」を売る家電量販店は、家電メーカーから値下げ分の補助金をもらい、赤字を補塡する。倒錯する経済の時代の稼ぎ方・利益創出法を伝授。